인생이 나에게
가르쳐 준
소중한 것들

이 책을 소중한

_____님에게 선물합니다.

_____ 드림

인생이 나에게 가르쳐 준 소중한 것들

단 순 하 게   상 처 받 고   단 단 하 게   살 아 가 는   법

장성오 지음

위닝북스

유치원 아이들과 봄 소풍을 나왔다. 봄이 시작되었는지 공기는 차지 않았지만, 바람은 이리저리 세차게 불었다. 나는 아이들과 손을 벌리고 온몸으로 바람을 맞았다. 바람을 맞지 않으려고 하면 할수록 머리카락은 휘날리고 몸은 휘청거렸다. 그런데 한 아이가 나와는 반대로 바람이 몸을 미는 대로 바람을 타기 시작했다. 그러자 많은 아이들이 금세 방향을 바꾸어 나비가 된 듯 바람을 타고 훨훨 날아다니기 시작했다. 꽃과 아우러진 아름다운 풍경이었다. 잠깐이지만 한 아이가 내게 준 가르침이었다. 바람은 누구에게나 불 수 있고 태풍처럼 불어닥칠 수도 있다. 그때 당당히 맞서는 것도 좋지만 방향을 바꾸는 것 또한 방법일 수 있다.

20~30대에는 무엇이든지 할 수 있었다. 힘들어도 패기가 있기에 실패에도 굴하지 않았다. 희망을 품고 열정을 품었던 시절이 있었기에 지금의 내가 있는 것이다. 나는 지금 가장 나답고 화려하게 제2의 인생을 살고 있다.

성공한 삶의 기준이 모든 사람에게 같을 수는 없다. 그러나 자기 자신이 없는 성공은 진정한 성공이 아닐 것이다. 나 또한 '나답다'라는 말이 무엇인지 알지 못한 채 살았었다. 주변 사람들에게 맞추어 살아야 했고 직업의 특성상 나를 내려놓아야 할 때가 많았다. 그러다 나이 오십이 넘어서야 진짜 자신을 발견하는 경험을 하게 되었다.

성공하고 싶다면 먼저 자신을 살리는 일부터 시작하자. 그리고 어디로 가야 할지 방향을 정하지 못했다면 먼저 꿈을 꾸자. 그러면 길을 잃더라도 꿈이 나침반이 되어 나아갈 방향을 안내할 것이다. 길이 끝난 곳에서 또다시 길은 시작된다.

젊은 시절, 나는 고속도로와 같은 반듯한 신작로를 좋아했다. 마음이 확 트이고 시원하기 때문이다. 물론 내 성격과도 일맥상통한다. 그러나 남들은 나를 부드러운 여자로 기억한다. 언제나 평화롭고 온유한 모습으로 대하니 단연 그렇게 생각하는 것이다. 나는 '내유외강'이 아니라 '외유내강'이다. 남들에게 멋진 모습을 보이고 부족한 모습을 들키지 않기 위해 얼마나 노력했는지 모른다. 나에게 가족들은 도전과 극복 정신의 '왕'이라고 한다. 그만큼 가족들은 나를 여전

사처럼 생각하는 것 같다. 그리고 그런 나의 모습을 보고 자란 아이들 또한 최선을 다해 자신의 삶을 이끌어 나간다. 아이들의 모습을 보면 내가 어렸을 때보다 더 현명하고 슬기롭게 사는 것 같아 대견하기까지 하다.

인생을 살면서 힘들지 않은 사람은 없다. 정도의 차이는 있겠지만 누구에게나 그만큼의 몫이 있는 법이다. 그리고 그 이겨 내고자 하는 힘이 앞으로 나아가는 원동력이 될 것이다. 젊을 때 더 많이 꿈꾸고 경험하는 삶을 살아야 한다. 그것이 인생의 '성공 스토리'가 되기 때문이다. 인생 성공은 어느 날 갑자기 얻어지는 것이 아니다. 철저하게 계획을 세워 성실히 삶을 살았을 때 진정한 승리로 돌아오는 것이다.

나는 꿈을 꾸며 나 자신을 가꾼다. 주변 사람들은 왜 그렇게 바쁘게 사느냐고 말하지만 나는 행복하다. 내 인생은 하루하루가 설레는 봄처럼 생동감이 넘치고 기쁨과 활력이 샘솟는다.

이 책을 쓰는 동안에도 스스로 도전하고 동기부여를 하는 경험을 했다. 책을 쓴다는 것은 삶을 들여다볼 수 있는 용기를 얻는 일인 것 같다. 이 책을 읽는 사람들 역시 스스로 동기부여를 할 수 있는 삶을 살기를 바란다.

마지막으로 이야기하고 싶은 것은 아이를 양육할 때도 '결정적 순간'이 있다는 것이다. 결정적 순간을 놓치게 되면 아이를 잘 양육할 수 없고 그에 따른 비용과 시간이 많이 들어간다. 인생도 마찬가지다. '결정적 순간'이 있다. 기회가 주어졌을 때 망설이지 말고 즉시 행동해야 한다. 이것이 바로 성공한 사람들의 '성공 시크릿'이다.

더불어 나의 응원군이면서 드림팀인 가족에게 고맙다. 아내의 꿈을 지지해 주고 묵묵히 도와주는 남편과 엄마가 롤모델이라며 응원해 주는 두 딸 선용, 윤경이에게 감사하다. 모두 사랑해요.

2016년 7월

장성오

— 차
례 —

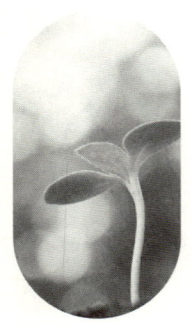

프롤로그 ··· 4

CHAPTER 1

나는 인생에서 모든 것을 배웠다

01 이윤보다 사람을 남기는 장사를 하라 ··· 15

02 모든 길은 연결되어 있다 ··· 21

03 일등도 해 본 사람이 한다 ··· 27

04 가장 힘든 지금이 축복의 때다 ··· 34

05 인생에는 '인생철학'이 필요하다 ··· 40

06 무작정 용기 내기 ··· 46

07 아까워할 것은 돈이 아니라 시간이다 ··· 51

08 계속 실패해도 괜찮다 ··· 57

09 끝까지 버티는 것이 이기는 것이다 ··· 63

CHAPTER 2

인생에 선택당하지 말고 인생을 선택하라

01 위기는 바깥에서 오는 것이 아니다 ⋯ 71

02 인생의 정원사가 되라 ⋯ 76

03 놓치고 싶지 않은 꿈에 기회를 줘라 ⋯ 81

04 최악의 상태에서도 최선을 선택하라 ⋯ 86

05 일등도 품위 있게 해야 한다 ⋯ 92

06 꿈은 먼저 뒤돌아서지 않는다 ⋯ 98

07 나는 오늘 행복해지기로 결정했다 ⋯ 104

08 용기란 끊임없이 시도하는 것이다 ⋯ 110

09 당당하게 자신을 고용하라 ⋯ 116

CHAPTER 3

내 인생에 나를 캐스팅하라

01 인생의 마중물을 부어라 ··· 125

02 내 인생에 나를 캐스팅하라 ··· 131

03 이미 이루어진 것처럼 살아라 ··· 137

04 뛰어들어야 물의 깊이도 안다 ··· 143

05 인생의 버킷리스트 ··· 149

06 미끄럽다고 다 미끄러지는 것은 아니다 ··· 155

07 상상하면 이루어진다 ··· 160

08 꿈꾸는 삶은 언제나 가까이 있다 ··· 166

09 시련이 기회다 ··· 172

CHAPTER 4

새롭게 꿈꾸고 도전하라

01 나만의 스토리를 만들어라 ··· 181

02 미래의 나에게 당당해져라 ··· 187

03 가 보지 않은 길을 과감히 선택하라 ··· 193

04 기적을 창조하는 사람이 되라 ··· 199

05 새롭게 꿈꾸고 도전하라 ··· 204

06 자기계발 하는 독종이 살아남는다 ··· 209

07 크게 성공하는 인생 전략가가 되라 ··· 215

08 짜릿한 반전의 명수가 되라 ··· 221

09 이어 가지 말고 끊어 가라 ··· 227

CHAPTER 1

나는 인생에서
모든 것을 배웠다

01

이윤보다 사람을 남기는
장사를 하라

만난 사람 모두에게서 뭔가를 배울 수 있는 사람이
세상에서 제일 현명하다.

- 《탈무드》

올해는 내가 유치원을 운영한 지 30주년이 되는 해다. 그동안 뒤를 돌아볼 새도 없이 바쁘게 유아교육의 길을 걸어왔다. 유아교육을 전공하면서도 과연 내 적성에 맞는지 고민하며 힘겹게 공부를 마쳤다.

유아교육이 나와는 맞지 않는다고 생각했지만, 기쁘고 설레는 마음으로 유치원 교사로서의 첫발을 내딛었다. 모든 것이 생소했지만 첫 사회생활의 벅찼던 감동을 잊을 수 없다. 왜냐하면 그 당시 유아교육기관이 많지 않아 취업하기가 힘들었기 때문이다. 취업을 하는 것만으로도 무엇인가 해냈다는 당당함을 가질 수 있었다. 그러나 이 감동은 현실의 냉혹함 앞에 오래가지 못했다. 어느 날 교육비 장부를 훑어보던 원장이 말했다.

"장 선생, 다연이 교육비가 3개월 치가 밀렸어요. 어떻게 해야 하는 거 아냐?"

"네, 원장님, 제가 전화해 보았는데 며칠 뒤에 주신다고 합니다."

"계속 준다고만 하고 안 내면 어떻게 하라는 거야. 오늘 퇴근하고 다연이네 집에 가서 받아 와요."

"네, 알겠습니다."

밀린 교육비 하나 제대로 처리하지 못한다고 비난하는 듯한 원장의 말에 내 얼굴은 금세 달아올랐다. 그리고 퇴근시간이 가까이 다가올수록 마음이 초조해졌다. 나도 모르는 사이에 자꾸 어금니가 깨물어지고 가슴이 뛰었다. 다연이의 집으로 향하는 내내 '어떻게 말하면 되지?'라는 물음만 머릿속에 맴돌았다. 이런저런 생각을 하며 어느새 다연이 집 앞에 도착했다. 막상 도착하니 다연이 엄마를 만나 봐야겠다는 용기가 생겼다.

"계세요, 계세요……."

계속 두드려도 인기척이 없자 속으로 내심 기뻤다. 왜냐하면 나는 교사이지 빚을 받으러 온 사람이 아니었기 때문이었다. 한참을 불러도 인기척이 없어 발길을 돌리려고 할 때 다연이가 눈을 비비며 울면서 나왔다.

"다연아, 엄마는?"
"아직요."
"밥은 먹었어?"

우는 다연이를 안고 한참을 토닥이고 있자 광주리를 머리에 얹은 다연이 엄마가 집에 들어왔다. 다연이 엄마는 내 얼굴을 보자마자 민망한 듯 얼굴을 들지 못했다. 아마도 내가 방문한 이유를 이미 알고 있는 것 같았다. 다연이 엄마는 거듭 나에게 미안하다고 고개를 숙이며 말했다.

"미안해요. 선생님, 이번 달 말에는 꼭 내겠습니다. 정말 죄송합니다."
"아니에요. 어머님, 너무 걱정하지 마세요."

나는 다연이 엄마의 손을 잡아 주고 난 뒤 발걸음을 돌렸다. 미안해하는 다연이 엄마의 얼굴이 계속 떠올라 집으로 돌아가는 길이 평소보다 몇 배는 더 멀게 느껴졌다. 사회생활을 시작하고 처음 겪은 충격적인 일이었다. 어느덧 시간은 흘러 수료식 날이 다가왔다.

다연이 엄마는 나에게 장문의 편지와 함께 손수 만든 손수건을 건네며 고맙다고 말했다. 그러고는 멀리 이사를 가게 되어 진급은 하지 못할 것 같다고 했다. 나는 한참 동안 두 손을 마주 잡고 마음으로 인사를 나누었다. 그때 나 역시 어렸다. 당장 교육비를 받아 오라고 채근한 원장이 미웠지만 그렇게 하지 못하겠다고 똑바로 말하지 못한 나 자신도 싫었다. 지금도 교육자로서 아이의 상황이나 형편을 살피지 못한 채 자신의 앞가림만 하기 바빴던 그때를 생각하면 창피하다.

나는 결국 이러한 상황을 견디지 못하고 유치원 교사를 그만두게 되었다. 물론 원장 입장에서도 운영비는 중요하다. 그러나 그때는 원장의 입장을 이해하지 못했고, 살필 여력도 없었다. 얼마 동안은 다연이가 자꾸 생각나서 유치원 교사직에 대한 회의감마저 들었다. 교사로서 능력도 없을 뿐 아니라 인격적 소양도 없다고 스스로 자책했다. 그러던 중 시립 보육시설에서 근무해 줄 수 있겠느냐는 요청이 들어왔다. 그러나 더 이상 유치원 교사는 하지 않겠다고 결심했던 터였기에 별 관심이 없었다.

그런데 어느 날 시장에서 다연이와 다연이 엄마를 만났다. 서로 안부를 주고받으면서 내가 유치원을 그만두었다고 하니 다연이 엄마가 매우 속상해했다. 그러면서 다연이 엄마는 한 사람이라도 의지하고 믿을 만한 사람이 있어야 아이를 맡길 수 있는 것이라며 바로 내가 그런 존재였다고 말했다. 사실 나는 내 앞가림도 못하고 있다고 낙심하고 있던 때였다. 그러나 이 우연한 만남이 다시 나를 일으켜 세웠다.

다연이 엄마와 만나고 난 뒤 어린이집 교사로 다시 유아교육을 시작하게 되었다. 내가 근무하게 된 어린이집에는 부녀회장인 원장과 교사 한 명이 있었다. 함께 근무하는 김은혜 선생님은 나보다 나이가 두 살이 많았다. 체구는 작았지만 유머와 상냥함을 두루 갖춘, 친화력이 좋은 교사였다. 유치원 교사로서의 모범답안 같았다. 성격이 긍정적이고 호의적이라 누구든지 그녀에게 호감을 표시했다. 나는 그때 그녀로부터 유아교육자로서 인생을 어떻게 살아가야 할지 배웠다.

선생님은 자주 원장에게 혼이 나고 있는 나의 편을 들어 주었다. "원장님, 그건 제가 잘못한 거예요. 죄송합니다."라며 나를 감싸 주었다. 후배인 나를 위해 마음을 써 주는 김 선생님은 어느새 내 마음 속에 큰사람으로 자리 잡았다.

아이와 학부모를 대하는 태도와 방법, 당당함, 자신감, 솔직함, 부드러움, 전화 예의 등 내가 가지고 있지 않은 장점을 그녀는 모두 갖추고 있었다. 그래서 나는 모든 면에서 그녀를 따라 하려고 했다. 심지어 목소리의 높낮이와 눈빛까지 닮으려고 노력했다.

만약 내가 초임 시절에 김은혜 선생님을 만나지 못했다면 아마 교사생활을 몇 년 하다가 그만두었을 것이다. 그녀를 만난 덕분에 인생을 사는 방법 또한 알게 되었다. 나 또한 누군가에게 의미 있는 한 사람으로서 좋은 기운을 전해 주는 사람이 되고 싶다.

사람들은 나를 '성공한 사람'이라고 한다. 그러면서 그 원동력을 묻는다. 그러면 나는 영락없이 "운과 인덕이 있어요."라고 말한다. 나는 인덕이 있다. 만나는 사람마다 좋은 사람들이었다. 내가 성공한 이유는 첫 번째도 사람이고 두 번째도 사람이다. 한 번 맺은 인연을 소중히 여기는 것이 성공의 지름길이다.

02

모든 길은
연결되어 있다

어디로 가야 할지 모르면 어떤 길로 가든 상관없다.

– 루이스 캐럴

운전을 10년 넘게 했지만 아직도 운전이 서툴다. 며칠 전 강의를 하고 집에 돌아오는 길을 헷갈려 헤매게 되었다. 분명히 내비게이션이 가리키는 대로 왔지만 어두워진 탓에 표지판이 제대로 보이지 않았다. 어느새 두려움이 몰려왔다. 누군가가 나타날 것만 같았고 사람이 더 무섭다는 생각이 들었다. 분명 길은 있는데 내가 가야 할 길은 나타나지 않았다. 3시간 정도를 헤매고 산기슭을 벗어나서야 사람이 보였다. 그제서야 안도의 한숨이 쉬어졌다. '그렇지, 잘했어, 가다 보면 길은 다 연결되어 있지'라고 혼자 중얼거렸다. 이처럼 인생도 마찬가지다.

초보 교사 시절 많은 것들이 힘들고 어려웠다. 김은혜 선생님 덕분에 1년 정도는 꿈같은 시간을 보냈다. 그녀가 결혼을 하고 남편과 함께 울산으로 내려가는 바람에 끝까지 함께하지는 못했지만 배운 것이 많은 시간이었다. 나는 그녀와 헤어지면서 어린이집 살림을 도맡아 하게 되었다. 선생님이 함께 있을 때는 몰랐는데 나를 못 미더워 하는 학부모들의 눈초리가 따가웠다.

그동안 그녀가 나를 많이 세워 주었기에 별 어려움 없이 아이들과 함께할 수 있었던 것이었다. 나 또한 교사생활 3년 차가 되니 많은 것들이 보이기 시작했다. 열악한 운영 구조와 아이들의 행동발달에 맞지 않는 교실 환경 등을 바꾸고 싶었다. 그때부터 나는 '내가 만약 유치원 원장이 된다면?'이란 생각을 자주 하기 시작했다.

매일같이 머릿속에서 유치원을 지었다가 부수기를 반복하며 한 학기를 보냈다. 마음에 그리면 현실로 이루어진다고 하더니 마침내 나에게 기회가 왔다. 학교 선배가 하던 속셈학원을 맡아서 할 수 있게 된 것이었다. 이때부터 되고 싶은 것이 있거나 하고 싶고 이루고 싶은 것이 있으면 머릿속으로 세세하게 그림을 그리는 것이 습관이 되었다. 상상 속 그림들이 나의 꿈을 이루는 도구가 된 것이다. 꿈을 이루어 가는 즐거움으로 젖 먹던 힘까지 발휘하며 학원 운영에 전력을 다했다.

시골에 사는 아버지가 올라오셔서 교실 페인트칠을 도맡아 해 주었고, 남동생은 책상과 의자를 만들어 주었다. 그리고 사촌 시동

생까지 찾아와 목수 일을 해 주었다. 가족까지 동원되어 열심히 하는 모습에 많은 학부모들이 학원을 찾아왔고, 공사를 보고 돕는 사람들도 생겼다. 사실 학원 원장이 바뀌면 새로운 원장에게 텃세를 부리기 쉬운데 이곳에서 만난 학부모들은 서로 앞장서 나를 도와주었다.

학부모들은 원아 모집을 위한 가정방문도 함께했다. 그리고 엄마들은 자신들이 사람들은 모아 놓을 테니 나에게 홍보만 하라는 식으로 자리를 마련해 주었다. 정말 살맛 나는 시간들이었다.

나는 한 학기에 한 반씩 늘려 나가기 시작했고, 지역사회에서 내가 운영하는 학원은 유명한 곳으로 성장했다. 진정성만 있다면 삶의 모든 부분들이 연결된다는 것을 깊이 이해할 수 있는 시간이었다.

어느 날이었다. 집으로 배달되어 온 아침 신문을 보자마자 깜짝 놀랐다. 신문지 사이에서 빠져나오는 전단지 가운데 한 장이 눈에 들어왔다. 자세히 보니 내가 운영하고 있는 학원 광고지였다. 나는 눈이 휘둥그레진 채 "여보, 이것 좀 보세요."라며 전단지를 들고 남편에게 뛰어갔다.

나는 믿을 수 없는 전단지 문구에 내 눈을 의심했다. 가슴이 쿵쾅거리며 요동치기 시작했다. 전단지에는 나에게 학원을 팔고 간 선배 원장이 낸 광고가 실려 있었다. 지금 내가 운영하고 있는 학원은 자신이 운영하는 것이 아니니 참고하라는 내용이었다. 학원을 인수

할 때 돈도 원하는 만큼 다 지불했는데 왜 이런 행동을 했는지 알 수가 없었다. 그래서 당장 선배 원장에게 전화를 걸어 어떻게 된 일이냐고 물었다.

선배는 학원 이름이 자기 남편의 이름이니 바꾸라는 것이었다. 그것이 그렇게 문제가 되었다면 미리 나에게 양해를 구하든지 인수 과정에서 이야기를 했어야 하는 것이 아니냐고 물었지만 소용없었다. 그저 막무가내로 자기 남편 이름이니 바꾸라는 것이었다. 그 이름을 계속 사용하려고 하지는 않았지만 이런 식으로 전단지를 뿌려서까지 학원 이미지를 망쳐 놓을 일은 아니라는 생각이 들었다. 아마도 자신들이 운영할 때보다 내가 운영할 때 더 잘되는 모습을 보고 시기하는 마음에 저지른 일 같았다. 그러나 나와 가장 가깝다고 생각한 사람에게 배신을 당했다고 생각하니 많은 일에서 자신감이 바닥으로 떨어졌다.

또한 이외에도 내가 운영하는 학원이 눈엣가시처럼 보였는지 동네의 여러 학원 원장들이 교육청에 민원을 넣기 일쑤였다. 그래서 수시로 점검을 나오기도 했다. 어느 날은 아침 일찍부터 교육청 직원들이 몰려와 교실 구석구석을 살피기도 했다. 점검 결과 문제가 있지는 않았지만 너무나 힘들었다.

그 당시 나와 남편은 신혼이었기 때문에 수중에 돈이 얼마 없었다. 그래서 학원 옥상에 옥탑 방을 만들어 살았다. 그리고 아이는 낳자마자 친정에 맡기고 학원을 운영하기에 바빴다.

나는 남편과 옥상에 누워 밤하늘을 보았다. 그동안 평탄하게 살았던 시간에 감사해하며, 서로 부둥켜안고 하염없이 울었다. 생각하지도 않은 일이 눈앞에 현실로 닥치자 절망감이 이루 말할 수 없이 몰려왔다. 그러나 이런 일로 모든 것을 멈출 수는 없었다. 나는 더욱 정성으로 아이들을 보살폈고 그런 노력이 학부모와 아이들에게 전달되어 신뢰감을 더 쌓을 수 있는 기회가 되었다. 그러다 더 이상은 아이들을 받을 수 없는 상황까지 되었다. 내가 운영하는 학원에 들어오려고 여기저기 아는 사람을 통하기도 하고 아이를 받아 달라고 애원하는 학부모도 많았다. 이른바 행복한 비명을 지르게 된 것이다. 내 젊은 날의 가장 행복하고 아름다운 시간들이었다.

사람들은 나를 성공한 원장이라고 말하면서 부러워한다. 하지만 성공의 잣대는 사람마다 다른 것이다. 지금 스스로 기쁘고 행복하다면 성공한 것이 아닐까. 돌이켜 보면 나를 성공의 지름길로 안내한 사람이 나에게 학원을 물려준 그 선배라는 생각이 든다. 그 선배가 나에게 사납게 굴지 않았더라면 나는 그 상황에 안주하며 평범한 학원 원장이 되었을 것이다.

비록 나를 힘들고 아프게 했어도 그 선배는 나에게 이기는 법을 가르쳐 주었고, 세상을 어떻게 살아야 하는지 일깨워 주었다. 소극적이고 내성적이었던 나는 그 일로 세상을 힘차게 살아갈 수 있는 힘을 얻었다. 그리고 인간관계를 어떻게 맺어야 성공할 수 있는지 알게 되었다. 선배 원장은 나를 끊임없이 공부하게 했고 한결같은 마음을 갖게 해 주었다. 그러니 그 선배 원장은 나의 인생에 있어서 가장 큰 스승이라고 해도 과언이 아니다. 이 모든 시간들은 나만의 길을 걸을 수 있는 용기를 선물로 주었다.

길이 없다고 말하지 마라. 다만 다른 길로 들어설 용기가 없는 것일 뿐이다. 길은 세상과 함께할 수 있는 소통의 도구다. 세상의 길을 자신의 마음과 연결시켜라. 세상을 살다 보면 가는 길이 힘들고 아득해서 주저앉고 싶을 때도 있다. 그러나 스스로 멈추지 않는다면 시원하게 달릴 수 있는 신작로를 만들 수 있을 것이다. 오솔길, 자갈길이어도 괜찮다. 자갈길이면 자갈을 주워 예쁜 울타리를 만들 수 있다. 오솔길이라면 그 길을 따라가다 보면 또 다른 길을 만나기도 한다.

모든 길은 하나로 연결되어 있다. 길이 끊어졌다 하더라도 자신만의 길을 만들어 나가면 된다. 그것이 다른 길로 들어서는 통로가 될 것이고, 나만의 예쁘고 멋진 길이 될 수 있다. 그 길에 많은 사람들이 쉬어 가도록 나무 한 그루를 심어 보자.

일등도
해 본 사람이 한다

인내심을 가져라. 처음부터 쉬운 일은 아무것도 없다.

− 사디

아이들과 신체활동을 하기 위해 달리기 시합을 열었다. 아이들의 얼굴에는 꼭 일등을 할 수 있다는 자신감이 넘쳤다. 그리고 친구가 이겼을 때에도 박수를 쳐 주었다. 어린아이들이어도 선의의 경쟁을 하는 모습이 아름답고 행복해 보였다.

사실 몇 해 전만 해도 아이들은 달리기 시합을 좋아하지 않았다. "저는 못 해요. 엄마가 하지 말랬어요."라며 핑계를 대기 일쑤였다. 그리고 일등을 하지 못하면 그 자리에 주저앉아 분이 풀릴 때까지 소리를 질렀다. 사실 일등을 하고 싶은데 하지 못할까 봐 지레 겁을 먹고 못 한다는 아이들이 거의 대부분이었다.

엄마들 역시 경쟁에서 질 것을 두려워하며 아이들을 일등이 될 수 있는 상황에만 내보냈다. 그러다 보니 많은 아이들이 도전 자체를 하지 않으려고 했다. 그러나 지금은 아주 자연스럽게 달리기에 참가할 뿐 아니라 친구가 이겨도 박수와 응원을 보낸다. 나도 일등을 할 수 있지만 친구도 일등을 할 수 있다는 사실을 아이들은 알고 있는 것이다.

일등은 경험해 본 사람만이 그 진가를 알 수 있다. 무조건 일등만 하려고 이등이나 삼등의 경험을 놓치고 피하고 있다면 진정한 일등을 포기하는 것과 같다. 우리의 삶도 마찬가지다. 달리다가 넘어져도 울면서 포기하는 것이 아니라 벌떡 일어나서 다시 뛸 수 있는 힘을 기르는 것이 진정한 자세일 것이다. 그러니 작은 일에서부터 성취감을 느끼고 성공해 보는 것이 더 큰일을 해낼 수 있는 원동력이 된다.

얼마 전 자신감을 가지고 자신의 책을 펴낸 막내딸 윤경이에게서 전화가 왔다.

"엄마, 대박!"

"뭐가 대박인데?"

"학교에서 그룹으로 토론대회를 했는데 우리 반이 이등을 했어. 엄마, 잘했지?"

"정말 잘했다. 엄마도 무슨 내용인지 빨리 알고 싶다. 집에 와서 알려 줘."

윤경이와 전화를 끊고 나니 한껏 신이 난 딸의 모습이 눈에 선했다. 윤경이는 집에 돌아오자마자 토론대회 이야기로 목소리를 높였다.

"엄마, 토론대회 주제는 '공동주택에서 애완동물을 길러도 되는가?'였어. 우리가 심지 뽑기에서 찬성에 걸렸고, 상대편은 반대야. 상대 팀과 열띤 논쟁을 벌였는데 우리가 이겼어. 대단하지? 다음 주최종 승자 대결에서 만약 져도 우수상은 받는 거야. 다음 주에 꼭이겨야 할 텐데⋯⋯."

드디어 윤경이가 기다리던 토론대회 날이 밝았다. 나는 결과가어떻게 나왔는지 궁금했다. 곧 윤경이의 전화가 걸려 왔다.

"엄마, 아무래도 아쉬워. 심사위원 선생님들의 말씀이 우리가 졌다고 의미하는 것 같아. 너무 아쉬워. 그래도 희망을 가져 보려고."

윤경이의 말을 듣고 있으니 나도 안타까운 마음이 절로 들었다. 하지만 그동안 열심히 노력한 것이 있으니 그것만으로도 훌륭하다고 위로해 주었다. 방과 후 집으로 돌아온 윤경이는 다시 토론대회

CHAPTER 1_ 나는 인생에서 모든 것을 배웠다

에서 진 것에 대해 아쉬운 마음을 나타냈다.

"엄마, 우리가 질 수밖에 없었던 것 같아."

"왜?"

"우리 팀은 목소리를 너무 높였어. 상대편의 말을 목소리만 높여서 반박만 하는 것 같았거든. 마음을 움직여서 설득해야 하는 건데 그렇게 하지 못했어. 그리고 우리 팀은 배려와 책임에 대해서 이야기 했어야 했는데, 오로지 애완견을 공동주택에서 키우는 것이 옳다는 것에만 초점을 맞추었던 것 같아. 너무 근시안적으로 문제를 보았던 거야. 그래도 아쉽기는 해."

윤경이의 말을 듣고 있는 내내 윤경이가 무척 대견스러웠다. 윤경이가 일등을 했다면 지금보다 더 기뻤을 수도 있지만 그렇지 않더라도 그 일을 통해 자신의 부족함을 알아내는 윤경이의 능력이 훌륭했다. 이등을 하고도 실패라고 보지 않고 무엇이 부족했는지 알아 낼 수 있는 능력을 갖는 것은 정말 훌륭한 경험이다.

"엄마, 2학년 주제도 정말 좋더라, 내년에는 더 잘할 수 있을 것 같아."

"정말 대견하다."

일등을 놓쳤지만 그 과정에서 깨달은 경험들은 분명 일등 이상의 가치가 있는 것이다. 아마도 지금의 경험들이 인생을 살아가는데 큰 주춧돌이 되어 줄 것이다.

언젠가 63빌딩 교보생명으로 건강검진을 받으러 간 일이 있었다. 운전도 초보라서 서울로 가는 길이 내키지 않았지만 그래도 언젠가는 고속도로를 달려야 한다는 생각으로 운전을 하기 시작했다. 서울의 도로는 초보가 운전하기에는 복잡한 곳이었다. 운전에도 큰 용기가 필요했다.

마음을 졸이며 운전을 한 끝에 63빌딩에 도착했다. 그런데 건강검진센터의 입구가 너무 많아서 여기저기 찾아다녔다. 사람들은 자연스럽게 자신이 갈 곳을 찾아갔지만 이리저리 헤매고 있는 내 모습을 보니 스스로 자신감이 없어졌다. 한참을 찾았는데도 입구를 찾지 못한 채 주변의 지나가는 사람에게 물어보고 나서야 목적지에 도착했다.

진료하는 곳에는 여의사가 있었다. 내가 의자에 앉자마자 전화벨이 울렸다. 의사는 자연스럽게 영어로 대화를 주고받았다. 그 모습이 정말 멋져 보였다. 지금은 영어를 잘하는 사람이 많지만 그 당시만 해도 영어를 자유자재로 말하는 사람이 드물었기 때문에 또 한번의 충격이었다.

고층 빌딩의 수많은 문들을 제집 드나들 듯 다니는 사람들의 모습과 영어를 자유자재로 구사하는 의사의 모습은 그야말로 새로운 경험이었다. 아마도 익숙하지 않은 길에 허둥지둥하는 내 모습이 작고 초라하게 느껴졌던 것 같다. 이후 이 일은 내 인생에 큰 영향을 미쳤다. '어떻게 하면 저렇게 자연스러울 수가 있지?'라고 생각했다. 그것은 다름 아닌 경험과 숙련의 힘이었다.

그때부터 컴퓨터를 배웠고, 아이들이 경험할 수 있는 기회를 충분히 만들어 주는 교사가 되어야겠다고 결심하게 되었다. 내가 알지 못하는 것은 그 누구에게도 설명하지 못할뿐더러 부자연스러운 법이다. 외국인과 자연스럽게 대화하는 것도 영어를 잘 알아야만 가능하고 레스토랑에서 주문을 하고 싶어도 재료를 알아야 시킬 수 있다. 이렇듯 내가 경험하지 않고 말하는 것은 스스로 어색하게 마련이다.

일등을 하고 싶다면 일단 자유로워져야 한다. 그 자유로움을 얻기 위해서는 일단 경험하며 숙련되는 것이 우선이다. 자신이 목표한 일을 할 마음의 준비가 되어 있고, 마침내 그것을 이루었다면 그 목표를 바탕으로 더 큰 꿈을 꿔 보자.

일등도 일등을 꿈꾸며 해 본 사람이 또 할 수 있다. 일등을 하고 싶은 마음이 없는데 일등을 할 수는 없다. 일등이 되기 위해 노력해야 일등이 된다. 패배할 것이 두려워 익숙한 것만 한다면 낙오자가 되기 쉽다.

　일등의 시작은 꿈꾸는 것이고, 꿈을 꾸는 것은 새로운 출발이다. 지금 당신의 꿈을 꾸기 시작하라.

가장 힘든 지금이
축복의 때다

어제는 역사, 내일은 수수께끼, 오늘은 신의 선물이다.
그래서 오늘을 '선물'이라 부른다.

— 조앤 리버스

유치원 교사들은 3~4월은 달력에서 없애고 싶은 달이라고 말한다. 그만큼 일이 많기 때문이다. 새로 들어오는 어린아이들은 엄마와 떨어지지 않으려고 몸부림을 친다. 그러면 교사들도 지치게 된다. 나 또한 정신을 바짝 차리고 있지 않으면 여러 가지 상황들이 몰아닥쳐 평상심을 잃어버리기 쉽다. 그러던 중 2009년 4월, 엎친 데 덮친 격으로 어려움이 한꺼번에 몰려오기 시작했다.

아침부터 전화벨이 시끄럽게 울렸다. 좋지 않은 예감이 들었다. 얼마 전부터 준비하고 있던 소논문이 심사에서 떨어졌다는 전화였다. 소논문이 늦어지면 본 논문에 지장을 주기에 이번에 꼭 등재가 되어야 하는 상황이었다. 그리고 오후에는 친정아버지가 쓰러졌다는 소식을 들었다. 아버지는 급히 119구급차에 실려 대학병원에 입원을 한 상태였다. 진찰 결과 무릎이 썩어 들어가니 다리를 절단해야 한다는 청천벽력 같은 소리였다. 여기서 끝난 것이 아니라 오후에는 교사들이 무리 지어서 유치원을 그만두겠다고 선언했다. 정말 하루가 어떻게 돌아가고 있는지 정신이 없었다.

어제까지 부모 상담을 하면서 1년 동안 담임을 맡게 되었으니 최선을 다해서 열심히 하겠다고 부모들과 약속한 상황이었기에 너무 황당했다. 한꺼번에 몰려온 상황들 앞에 어떻게 대처해야 할지 갈피를 잡을 수 없었다. 교사가 한 사람만 그만둔 것이 아니라 세 명이 한꺼번에 골탕 먹이듯이 그만둔다는 사실에 너무 화가 났다. 현실을 어떻게 이겨 나가야 할지 막막했다.

유치원을 운영하며 가진 신념은 아이들에게 교사가 바뀌면 안된다는 것이었다. 그러니 교사가 아무 말도 없이 그만둘 수 있다는 사실이 견딜 수가 없었고 분하기까지 했다. 여기저기 수소문한 끝에 가까스로 교사를 구할 수 있었다. 정말 다행이었다. 그리고 학부모들에게 이러한 상황을 알리고 이해를 구하는 시간을 가졌다. 그럼에도 학부모들은 변함없이 나를 신뢰해 주었고, 그런 신뢰가 한없이 고마웠다. 다시 한 번 잘해 보겠다는 다짐을 하고 며칠이 흘렀다. 그런데 교사 세 명 중 서울에서 온 교사가 한 명 있었다. 그래서 방을 구해 주었는데 그 교사가 일주일가량 근무를 하고 월요일에 출근을 하지 않았다. 갑자기 이상한 생각이 들어 교사의 집에 가 보니 이미 짐이 하나도 없었다. 말도 없이 도망간 것이었다. 전화를 해도 받지 않으니 연락할 길이 없었다. '교사가 이렇게 무책임해도 될까?'라는 회의감에 절망스러웠다. 나는 또다시 아이들에게 죄인 아닌 죄인이 되었다.

나는 도저히 아이들과 학부모들을 볼 낯이 없었다. 그동안 잘 쌓아 온 신뢰감이 한 번에 무너져 내리는 듯했다. 나는 학부모들을 소집해 그동안 일어났던 상황들을 알리고 더 이상 교사를 구하지 않고 원장인 내가 직접 담임을 맡겠다고 했다. 그러나 학부모들의 의견은 분분했다. 학부모들의 회의가 시작되었고, 회의 결과 내가 담임을 맡는 것으로 결론을 내 주었다. 나는 20년 만에 담임으로 아이들을 만나게 되었다. 어려운 상황에서 나를 믿고 아이들을 맡겨 준 학부모들의 신뢰가 내 인생의 커다란 이정표가 되었다.

나는 학부모들에게 "1년을 다 못 마치고 떠난 선생님들은 우리 아이들에게 딱 그만큼만 필요했던 것 같아요. 아이들에게는 원장인 제가 필요했기에 이러한 일이 생긴 것이라고 믿어요."라고 말했다. 그리고 아이들이 세상의 빛이 될 수 있도록 최선을 다해 사랑하겠다고 약속했다.

내 소식을 전해 들은 주변의 지인들은 책임감도 없이 그냥 사라진 교사들을 가만두면 안 된다고 난리였다. 그런 사람들은 유아교사 자격증을 박탈해야 한다고까지 했다. 나도 교사들이 미웠지만 어린 교사들의 발목을 잡는 사람이 되고 싶지는 않았다. 그래서 마음속으로 그들이 더 좋은 교사가 되기를 기도했다.

"유아교육자가 하는 일은 아이의 손을 잡는 것입니다. 부디 아이의 손을 놓지 않는 교사가 되어 주세요."

나는 왜 이런 상황들이 내게 닥쳤는지 생각했다. 분명히 이런 일이 일어날 수밖에 없는 이유가 있을 것이라는 생각이 들었다. 그리고 이러한 상황을 이기기 위해 모든 상황들을 되돌아보는 시간을 가졌다. 나는 그동안 유치원 운영과 교육적인 것들을 항상 점검해 왔다. 그리고 내가 운영하는 유치원이 최고라는 자부심과 함께 승승장구했다. 그러나 어느새 이러한 자부심이 자만심으로 변질되고 있었던 것이었다. 아마도 내가 더 나빠지지 않도록 하늘이 준 기회인 것 같아 더욱 자신을 점검하게 되었다. 원장의 입장에서만 유치원을 운영할 때는 보이지 않던 것들이 현장에 뛰어들어 보니 작은 것들이 눈에 띄기 시작했다. 그리고 문제점들을 속히 해결해야만 했다.

아버지 또한 다리 절단 수술을 하지 않으면 온몸이 썩는다고 의사가 말했다. 다리를 절단해야 한다는 쪽으로 의견이 몰아져 아침 일찍 수술을 하기로 결정했다. 그런데 의사는 오진을 한 것 같다며 수술을 취소했다. 만약 수술을 했으면 아버지는 평생 한쪽 다리 없이 살았을 것이다.

나는 평생 아버지를 원망하고 미워하며 살았다. 그런데 아버지에게 그런 일이 닥치니 뒤통수를 한 대 얻어맞은 것 같았다. 아버지는 한평생을 착하게만 살았다. 나는 그런 아버지가 싫었다. 늘 손해를 보며 가족들을 힘들게 하는 아버지에게 말 한마디 따뜻하게 하지 못했다. 그런데 더 늦지 않게 아버지와 화해할 수 있는 시간을 가지게 되어 다행이었다. 이렇듯 폭풍우가 몰아치듯이 여러 사건들이 몰려왔지만 나를 되돌아볼 수 있는 시간들이었다. 이러한 날들이 내가 옳게 잘 살아갈 수 있는 힘이 되었다.

인생을 살다 보면 누구나 힘든 일을 겪게 된다. 나쁜 일은 한꺼번에 몰려오기도 한다. 이럴 때 스스로 어떤 마음가짐을 갖고 자신의 삶을 개척하는가가 중요한 것 같다. 언젠가 교회 담임 목사님께서 우리 집에 심방을 오셨다. 그때 남편이 "목사님, 교회 안 가던 사람이 교회를 가서 이렇게 힘든 일이 생기나 봅니다."라고 말하자 목사님은 "교회는 해석입니다."라고 말했다.

나는 목사님의 말에 깜짝 놀랐다. '그렇지 맞아. 모든 것은 해석이야.' 내게 어려운 상황이 닥쳤을 때 내가 어떻게 해석하느냐에 따라 삶의 방향은 바뀌는 것이다. 삶을 긍정적으로 바라볼 때 어려운 상황이나 문제들은 풀린다. 만약 내가 한 번에 몰아닥친 이러한 일들을 잘못 해석했다면 아마도 많은 사람들을 미워하고 원망하면서 시간을 보냈을 것이다. 그러나 나는 분명 이러한 일들이 나에게 어떠한 의미가 있을 것이라고 생각했다.

긍정적으로 바라보니 평상시보다 더 좋은 일들이 생기고 더욱 성장할 수 있었다. 힘든 일을 잘 보낸다면 '축복'의 시간으로 바꿀 수 있다. 힘든 시간들은 모두 연습이다. 클라이맥스를 위해 철저히 준비하는 과정인 것이다. 이제 곧 반전이 시작될 것이다. 인생은 가슴 뛰는 역전 드라마를 맞이하는 묘미가 있다.

05

인생에는
'인생철학'이 필요하다

위대함의 대가는 책임감이다.

− 윈스턴 처칠

　오늘이 월요일이다 싶으면 어느새 주말이 다가온다. 이렇게 시간이 정말 빠르다는 것을 실감할 때가 있다. 나이가 들수록 그만큼 시간이 빠르게 가는 것 같다. 어릴 때는 시간이 안 가는 것 같아 투덜거렸지만 지금은 아니다. 그동안 어떻게 사는 것이 잘 사는 것인지 생각할 틈이 없었다. 그저 세상에 떠밀리 듯 살았다. 그런데 내 나이 쉰 살이 넘어서야 '진정 가치 있는 삶을 살고 있는 것인지'라는 물음들이 몰려왔다.

　착하게만 산다고 잘 사는 것일까? 물론 착하게 사는 것은 좋다. 그리고 착하게 사는 것이 옳은 것이라고 교육을 받았다. 나 역시 유치원 아이들에게 "착하게 살아야 해요."라고 말한다. 그리고 동화와

옛이야기를 읽어 주면서 인성을 강조한다. 옛말에 '착한 끝은 있어도 악한 끝은 없다'라고 하지 않던가? 나는 어린 시절부터 사람들에게 착하다는 말을 들으며 자랐다. 그래서 더 착해지려고 노력했다. 지금 생각해 보면 어른들은 '착함'으로 나를 통제하려고 한 듯하다. 그런데 청소년기가 되면서 그 착하다는 소리가 '너는 바보야'라는 소리로 들리기 시작했다. 누군가가 나에게 착하다고 하면 마음속에서 뜨거운 것이 치밀어 오르기도 했다.

초등학생 때의 일이다. 우리 집은 시골 농가였기 때문에 여름에 논에 물을 대 주어야 벼가 자랄 수 있었다. 그런데 아버지와 큰엄마 사이에 논에 물을 대는 일로 실랑이가 벌어지고 있었다. 성격이 급하고 공격적인 큰엄마의 행동에 아버지는 항상 뒤로 물러나기 일쑤였다. 그래서 엄마는 더욱 전투적으로 성격이 변할 수밖에 없었다. 그렇다고 엄마가 착하지 않은 것은 아니었다. 그러나 어렵고 힘든 일은 착한 아버지 덕분에 엄마가 나서서 해결해야 했다. 어린 나이임에도 물러나기만 하는 아버지의 모습이 좋게 보이지 않았다. 오히려 아버지가 가족을 돌보지 않는다고까지 생각했다. 그래서 쉰 살이 넘도록 아버지를 마음속에서 밀어내며 살았다. 그런데 천성도 유전이 되는 것 같다. 나 또한 아버지의 유전자를 물려받았기에 나보다는 남을 배려하고 생각하면서 살았다. 그래서 언제나 주눅이 들어 있었고, 자신감도 없었다. 결정해야 할 순간에 망설이기만 했고, 남을 더

의식하며 살았다. 그러나 착하고 성실하게 산 덕분에 좋은 사람들을 많이 만났고, 운까지 따르는 사람이 되었다.

나는 힘들고 어려운 일 앞에서도 절대 포기하거나 낙심하지 않았다. 바로 꿋꿋하게 일어났고 성실히 살았다. 세상이 아무리 각박하다고 해도 결국 자신이 하기 나름이다. 자신을 매일 바로잡고 일으켜 세운 힘은 바로 아버지가 물려주신 착함과 성실함, 한결같음이었다.

누구에게나 자신만의 인생철학이 있다. 그리고 나의 경우 교육자로서의 교육철학이 있다. 이것은 변하지 않는 신념이다. 자신의 위치에서 역량을 충분히 발휘할 수 있게 해 주는 힘이다.

10년 동안 내게 자녀 넷을 맡긴 학부모가 있다. 10년 전 예림이는 분리불안이 심한 아이였다. 한 학기 내내 울면서 등원하는 예림이를 지켜보는 것이 엄마로서 힘든 일이었을 텐데도 엄마는 아이를 포기하지 않았다. 원장인 내가 보아도 엄마가 대단하게 느껴졌다. 대부분 아이가 울면 유치원에 문제가 있다고 생각하고 유치원을 의심하는 경우가 많다. 그러나 예림이 엄마는 단 한 번의 의심도 없이 한결같이 아이를 등원시켰다. 주변의 다른 엄마들은 유치원에 무슨 문제가 있는 것이 아니냐며 야단이었다. 그러나 예림이 엄마는 흔들림없이 나를 믿어 주었고 유치원을 신뢰했다.

그러더니 5개월이 넘어갈 무렵부터 아이가 바뀌기 시작했다. 그렇게 수줍음 많고 불안해했던 예림이가 의젓한 모습으로 변하는 것이었다. 예림이의 변한 모습은 유치원의 화제가 되었다. 예림이 사례가 부모교육의 사례로 등장할 정도였다. 예림이의 엄마는 예림이의 까다롭고 예민한 기질을 잘 파악하고 있었다. 이런 경우 대부분 엄마가 포기하고 흔들렸을 텐데 예림이 엄마는 유치원과 협의하며 예림이를 도왔다.

나는 학부모들이 모인 자리라면 나의 유아교육적 소신을 굽히지 않고 이야기한다. 그러면 많은 부모들이 공감하며 고개를 끄덕인다. 그러나 그것도 잠시 학부모들은 집으로 돌아가면 다른 사람의 말에 흔들렸다. 그래서 내가 이상한 사람이 되어 버리는 일도 있었다. 나 또한 유치원을 운영하다 보면 많은 학부모들을 만난다. 그 속에서 뿌리칠 수 없을 정도의 유혹을 만나 흔들릴 때가 종종 있었다. 이때 나를 잡아 준 것이 유아교육에 대한 신념과 교육관이었다.

교육에는 아이의 발달에 맞는 적기가 있다. 아무리 좋은 프로그램이라도 아이의 성장발달 시기에 맞아야 한다. 나는 아이들이 스트레스를 받지 않고 기뻐하며 집중할 수 있는지를 중요하게 본다. 그렇게 하면 실패할 확률이 거의 없다. 만약 원장인 내가 올바른 소신을 가지고 있지 않다면 유아교육은 이리저리 표류하게 될 것이 뻔하다. 그렇기에 자신만의 올바른 기준을 세워야 한다. 유연한 사고와 함께 흔들림 없이 버텨 낼 수 있는 소신과 신념이 중요하다. 결국 이러한 것들이 평생 자신이 지켜야 할 소중한 가치일 것이다.

많은 성공자들 또한 투철한 신념을 가지고 있었기 때문에 성공
했다. 얼마 전 방영된 TV 프로그램에서 유한양행의 유일한 박사의
인생철학이 화제가 되었다. 그는 유언장에서 '자신의 길은 스스로
개척하라'고 자식들에게 말했다.

실제 방송 프로그램 제작진이 유한양행 측에 연락을 해 보았다.
사측은 창업주 가족들의 행방조차 몰랐다. 당시 유 박사는 아들이
아닌 전문 경영인에게 회사 운영을 맡겼다. 전문 경영인은 방송에
출연해 회사를 운영할 때 유일한 박사 자녀들의 개입은 일절 없었다
고 했다.

그는 '유 박사의 기본 정신은 가족이 아니라 민족을 위해 일하
는 것을 기업의 소명'으로 보는 것이라고 덧붙였다. 또한 과거 어떠
한 정치 자금 요구에도 응하지 않아 혹독한 세무 조사의 대상이
되기도 했다. 당시 조사를 담당한 공무원이 이날 방송에 나와 20
일 정도 조사를 해 보니 이런 업체가 있나 싶을 정도로 세금을 철
저히 납부했더라고 증언하기도 했다. 이렇듯 유일한 박사의 신념과
가치는 경영인으로서뿐만 아니라 삶의 귀감이 되었다. 그러나 우리
가 조심해야 할 것은 신념이라는 것이 자신이 옳다고 생각하는 것
에 대한 굳은 믿음이라는 것이다. 곧 잘못된 신념은 괴팍한 고집이
될 수 있다. 그래서 언제나 자신이 옳다고 생각하는 가치의 기준을

생각해야 한다.

사회 구성원으로서 삶을 살아가며 마주하게 되는 여러 장면들에서 어떻게 생각하고 행동해야 하는지 자신만의 철학적 소신이 필요하다.

06

무작정 용기 내기

도전은 인생을 흥미롭게 만들며
도전의 극복이 인생을 의미 있게 한다.

– 조슈아 J. 머린

　　나는 어린 시절부터 소심한 아이였다. 선생님이 내 이름만 불러
도 가슴이 뛰고 얼굴이 빨개졌다. 마음속에서는 발표를 하고 싶어
도 선뜻 손을 들지 못해서 놓치는 기회들이 청소년기 역시 마찬가지
였다. 그리고 스스로 '나는 원래 그래!'라고 단정 지었다. 그런데 유
아교육을 공부하고 유치원 원장이 되고 나서부터는 이런 소심함이
나의 발목을 잡았다. 그리고 점점 더 작아지는 내 모습이 처량하고
싫었다.

　　어느 날 입학식을 할 때는 원고를 준비해서 외우고 단상에 섰다.
그런데 많은 학부모들의 얼굴을 보는 순간 머릿속이 하얘졌다. 그때
의 창피함은 이루 말할 수 없다. 학부모들은 박수를 쳐 주었지만 쥐

구멍이라도 찾아 들어가고 싶은 심정이었다. 원장이라는 직업이 대중 앞에 서야 할 때가 많아 스트레스가 쌓였다. 그러나 더는 이렇게 살 수 없다고 생각했다. 그래서 나는 그때부터 수없이 많은 스피치 학원을 다녔고 강연이 있는 곳이라면 어디든 찾아가 들었다. 그러나 그렇게 해도 무대공포증을 이겨 내지 못했다. 공부를 하면 할수록 더 자신감을 잃었다.

그러나 '이제 마음을 바꾸기로 결정해 보자. 실수해도 괜찮아, 그들이 웃어도 그만이지, 내가 무너져서 누군가에게 기쁨이라면 까짓 것 무너져 주지'라는 생각이 들었다. 그렇게 생각하니 마음이 한결 편안해졌고 무대공포증도 조금씩 사라졌다. 아마도 틀리면 안 된다는 생각이 가득해서 불안했던 것 같다. 잘하고 싶은 마음을 버리니 사람들이 보이기 시작했고 그들의 눈빛까지도 읽을 수 있게 되었다. 지금도 대중 앞에 서는 것은 긴장이 되지만 기대감이 더 크다.

유치원에서 수업을 하다 보면 새로운 것은 시도도 하지 않는 아이가 있다. 아마 자신이 잘하지 못할까 봐 불안해하는 것 같다. 얼마 전 체육수업에서 일어난 일이다. 재경이는 다른 아이들에 비해서 몸집이 컸다. 그래서인지 체육시간만 되면 힘들어했다. 특히 뜀틀을 뛸 때는 극심한 불안감을 보였다. 체육시간이 있는 날은 유치원에 가지 않겠다고 엄마에게 떼를 쓸 정도였다.

"선생님, 저 안 하면 안 돼요?"

"왜, 하기 싫어?"

"네."

"그러면 선생님과 손을 잡고 한번 해 볼까?"

"그래도 싫어요."

"그래, 그러면 선생님이 하는 거 한번 봐 봐."

"네."

나도 초등학교 때 뜀틀 시간이 싫었다. 그래서 재경이를 이해할 수 있었다. 나는 많은 아이들이 보는 앞에서 시범을 보였다. 그리고 일부러 뜀틀을 못 넘는 흉내를 냈다. 그 모습을 본 아이들이 배를 움켜잡고 웃었다. 재경이도 웃느라 정신이 없었다.

"선생님 저도 한번 해 볼게요."

"저도요. 저도요!"

아이들은 재미있다는 듯이 모두 해 보겠다고 했다. 그런데 놀라운 것은 많은 아이들이 실패했어도 재경이는 성공했다는 것이다. 그때부터 재경이는 자신감을 찾았다. 자신이 실수해서 친구들이 웃어도 아무렇지 않아 했다. 이제는 친구들이 웃는 것을 보고 즐길 줄도 아는 아이가 되었다. 그리고 뜀틀을 넘을 때마다 친구들 앞에서 시범을 보일 정도가 되었다.

나는 지금도 뜀틀을 잘 넘지 못한다. 아마도 그 나이에 넘었어야 할 것을 넘지 못한 결과인 것 같다. 내가 조금 부족하더라도 다른 사람이 보기에 우습더라도 스스로 용기를 낸다면 그 불안이 기대감으로 다가올 것이다.

프랑스의 시인이자 신학자인 알랭은 "다리를 움직이지 않고는 아무리 좁은 도랑도 건널 수 없다."라고 말했다. 아마도 실패할 것에 대한 두려움 중 가장 큰 두려움은 몸을 움직이지 않기 때문에 생기는 두려움일 것이다.

내가 살던 시골집 마당에는 펌프질을 해야 물이 나오는 우물이 있었다. 펌프는 물 한 바가지를 그 안에 쏟아붓고 펌프질을 몇 번 해야만 물이 쏟아졌다.

'자신감과 용기는 마중물이다' 어떤 일을 할 때 불안하고 망설여진다면 그냥 한번 용기를 내 보는 것이다. 너무 잘하려고 하지 말고 한번 해 보는 것이다. 생각이 아닌 몸으로 행한다면 자신이 원했던 것들이 자석처럼 따라붙는다. 아무것도 하지 않는다면 아무 일도 일어나지 않는다. 아직도 용기가 없어 불안하다면 시원한 마중물 한 바가지를 부어 보자.

나의 꿈은 '부모교육' 명강사가 되는 것이다. 하지만 자신이 없을 때도 있다. 그래서 여기저기 강의 요청이 들어와도 거절할 때가 많왔다. 마음은 명강사가 되고 싶지만 몸이 움직이려고 하지 않는 것이다. 참으로 답답한 상황이다. 그런데 요즘은 용기를 내고 있다.

다른 사람의 강의를 듣다 보면 별 볼일 없는 강사라는 생각이들 때가 있다. 물론 내가 생각한 강의가 아니라서 그렇기도 하지만 기본이 되어 있지 않은 경우도 많다. 이와 같이 내 강의를 듣고 이렇게 생각하는 사람도 있을 수 있을 것이다. 모든 사람을 만족시키는 강의를 하는 것은 불가능하다. 그럴지라도 미리 두려워 포기하는 것은 어리석은 일이다. 이제 나도 다리를 움직여 도랑을 건너고 있다. 도랑을 건너고 나니 아름다운 숲과 마을이 보인다. 또다시 어떤 도랑을 만날지 기다려진다.

인간은 불안과 두려움을 갖고 태어난다. 그것을 숨기기 위해서 자신을 위장하기도 한다. 어떤 이는 더 나아지려고 자신의 실력을 갈고닦는다. 그것이 인간이 발전하는 계기가 된다. 우리가 잘 알고 있는 스티브 잡스는 자신의 약점인 불안감을 오히려 창의적인 아이디어로 승화시킨 대표적인 인물이다.

스티브 잡스처럼 자신의 불안과 스트레스를 좋은 생각으로 바꿀 줄 알아야 한다. 스스로 긴장하며 자신을 성장시킨다면 뜻밖의 선물이 기다리고 있을 것이다.

07

아까워할 것은
돈이 아니라 시간이다

시간의 걸음은 세 가지다.
미래는 머뭇거리며 오고 현재는 화살처럼 날아가고
과거는 영원히 정지해 있다.

– 프리드리히 쉴러

시간 전도사 〈한국 책쓰기 성공학 코칭협회(이하 한책협)〉의 김태광 코치는 "시간을 버세요. 세월을 버세요."라고 말한다. 이 말은 언제나 내 귓가에 맴돈다. 그를 만나기 전에는 지금처럼 온 힘을 다해 살지 않았다. 어떤 사람은 시간은 '금'이라고 이야기한다. 그러나 시간은 돈에 비교할 바가 아니다. 왜냐하면 시간은 우리의 생명이기 때문이다. 즉 시간을 잃는다는 것은 생명을 단축시키는 것과 같다. 무엇인가를 잃으면 다시 찾으면 되지만 시간은 잃으면 다시 찾지 못한다. 아무리 엄청난 돈을 들인다 해도 찾지 못하는 것이 생명이다.

희곡 작가 조지 버나드 쇼의 비문에는 '우물쭈물 살다가 내 끝내 이렇게 될 줄 알았지'라고 쓰여 있다. 그만큼 관리하지 않으면 자신도 모르는 사이에 시간은 쏜살같이 가 버린다는 뜻이다. 내가 초임 교사 시절 때의 일이다.

"선생님, 이제 퇴근하셔야죠?"
"아니, 왜 그렇게 빨리 못 하는 거야, 정말 미치겠어!"

경력 교사의 채근에 얼굴이 달아오르고 뒤통수가 따가웠다. 미안한 마음에 일도 손에 제대로 잡히지 않았다.

"선생님, 죄송한데 먼저 퇴근하세요. 저 이거 조금만 더 하고 갈게요."

그때는 왜 그렇게 분주하고 바빴는지 모르겠다. 그렇다고 성과가 있었던 것도 아니었다. 그만큼 익숙하지 않아서 조심스러웠고, 실수하지 않으려고 노력했다. 당시는 늦게 퇴근하는 것을 일을 많이 하는 것으로 생각하던 때였다. 그래서 원장은 나를 칭찬하며 좋아했다. 그러나 선배들에게는 정말 미안한 일이었다. 일도 못하면서 칭찬을 받는 꼴이니 얼마나 꼴불견이었을까 싶다. 그때는 선생님들이 나를 미워한다는 생각에 눈물이 나오기도 했다. 그러나 지금 생각해 보니 내가 선생님들의 시간을 소중히 생각하지 못했던 것이다. 그래도 그들이 많이 이해해 주고 받아 주어서 지금의 원장이 될 수 있었다. 그렇지 않았다면 교육자의 길을 포기했을 것이다.

지금은 나의 초임 교사 시절을 떠올리며 선생님들을 채근한다. 늦게까지 일하지 말고 제시간에 열심히 하고 정시 퇴근을 하라고 말한다.

요즘 현대인들은 바쁜 삶을 살고 있다. 아침부터 잠드는 순간까지 눈코 뜰 새가 없다. 늘 시간에 쫓기며 "바쁘다. 바빠."를 연발하는 것이다. 누군가와 인사를 나눌 때면 "요즘 바빠서 인사도 못 드렸어요."라고 말하는 것이 안부 인사가 되었다. 시간에 쫓겨 이리저리 치이며 다람쥐 쳇바퀴 돌듯 살아가는 자신의 모습에 '그래도 열심히 살고 있어'라며 스스로 위안해 보기도 한다. 나는 조금이라도 한가한 시간이 되면 가만있지를 못하고 바쁘게 움직인다. 아마도 시간을 제대로 활용하고 있지 못하다는 불안감이 나를 힘들게 하는 것 같다. 이것은 성취 욕구가 강한 탓일 수도 있고, 열심히 해야 살아남을 수 있다는 생각 때문일 수도 있다.

만약 내가 일을 하지 않고 전업주부의 삶을 살았다면 어땠을까? '나에게 주어진 시간을 잘 관리하지 못하며 하루를 보내고 있었을 수도 있다. 그런데 전업주부인 친구들이 시간 관리를 철저히 하며 여유 있는 생활을 하고 있는 것을 보면 내심 부럽기도 하다. 물론 친구들은 내가 부럽다고 한다. 하지만 나는 바쁘게만 살고 있었지 여유를 느낄 틈이 없었다. 물론 일을 할 때도 내가 시간을 어떻게 운영하느냐에 따라 일의 결과가 다르게 나온다. 아마도 친구들의 여유 있어 보이는 삶이 그리웠던 것 같다. 얼마 전 엄마의 이야기가 가슴에 사무쳤다.

"내가 저 아름다운 벚꽃을 몇 번이나 더 볼 수 있을까? 세 번, 네 번이나 볼까? 많이 봐야겠다."

"엄마, 해마다 꽃은 피는데 무슨 몇 번이나 봐요."

나는 엄마의 말에 대수롭지 않게 대답했다. 그러고 나서 엄마의 얼굴을 흘깃 보았다. 그사이 엄마의 눈에 눈물이 고여 있었다. 그때는 엄마가 감수성이 풍부해져서 벚꽃을 보고 감동을 받았나 보다 했다. 집에 돌아와 곰곰이 생각해 보니 엄마의 나이가 팔십이었다. 그리고 벚꽃은 1년 주기로 피니 엄마가 그런 생각을 할 수 있겠다는 생각에 가슴이 시렸다.

언제나 내 옆에 든든히 있어 줄 것만 같은 엄마가 어느새 할머니가 되었다. 그리고 어느새 나도 할머니가 되어 간다. 바쁘다는 이유로 자주 부모님과 시간을 갖지 못했는데 이제부터라도 부모님과 시간을 많이 보내고 싶다.

엄마의 말 한마디에 많은 생각을 했다. 그동안 가족을 행복하게 해 준다는 이유로 바쁘게 시간을 보냈다. 그러다 내가 진정으로 원하는 삶에 대해 고민하기 시작했다.

인생의 길은 빠른 길이라고 해서 무조건 좋은 것은 아니다. 반대로 느린 길이라고 해서 좋은 것도 아니다. 중요한 것은 막연한 삶이 아니라 목표를 가지고 정확히 발걸음을 재촉해야 한다는 것이다. 살다 보면 자신이 원하는 길로 갈 때도 있지만 아닐 때도 있다. 그리고 먼 길을 돌아서 갈 때도 있다. 이럴 때는 절망이 몰려오기도 하고 회의감에 빠지기도 한다. 뜻대로 되지 않는다고 해서 포기해서는 안 된다. 한 걸음씩 나아가다 보면 어느새 자신이 원하는 목적지에 도달해 있을 것이다. 무조건 빨리만 가려 하지 말고 이 길이 바른길임을 온몸으로 겪으며 가는 것이 더 중요하다.

많은 성공자들은 시간을 소중히 여겼다. 아침에 해가 빨리 뜨기를 바랄 정도로 적극적이고 진취적인 자세를 갖고 살았다. 성공하는 사람과 그렇지 못하는 사람의 가장 큰 특징은 시간 관리에 있다. 구체적인 계획을 짜서 시간을 효율적으로 사용해 보자.

성공한 사람은 시간을 만들어서 활용하는 반면, 성공하지 못하는 사람은 있는 시간마저 허비한다. 성공 습관은 곧 시간 관리 습관이다. 하루 24시간을 어떻게 활용하는지 자신의 하루를 점검하는 것이 필요하다. 그저 하루하루를 살아 내고 있다면 목표가 없는 인생이며 현상 유지에 급급한 인생이다. 이러한 사람일수록 시간이 없다고 말한다.

시간은 누구에게나 공평하다. 자신에게 주어진 시간을 사랑하자. 그리고 그 순간을 의미 있게 보내도록 최선을 다해야 한다. '성공'은 돈을 많이 버는 데 있는 것이 아니다. 바로 시간 관리가 성공 비법이다. 매시간 성공을 향해 한 걸음씩 나아가자.

08

계속 실패해도 괜찮다

크게 실패할 용기가 있는 자만이 크게 이룰 수 있다.

– 존 F. 케네디

새 학기가 시작되기 전 학부모들과 오리엔테이션 시간을 갖는다. 이 시간에 가장 많이 하는 말 가운데 하나는 '성장'과 '성공'에 대한 이야기다. '어떻게 하면 아이를 성공적으로 양육할 것인가?'라는 말을 하기 위해서다.

요즘 부모들은 실패하는 것을 두려워한다. 때문에 아이들이 실수하지 않게 하기 위해서 온갖 노력을 다한다. 그러다 보니 아이들을 과잉보호하게 되었고, 아이 스스로 도전할 기회 또한 잃게 했다. 어느새 아이들은 실수를 두려워한 나머지 미리 포기해 버린다. 그래서 아이들에게는 어제와 오늘이 똑같다.

물론 실패하고 싶은 사람은 없을 것이다. 나 역시 마찬가지다. 실패하지 않으려고 노력하며 산다. 그러나 살다 보면 어쩔 수 없이 실패를 경험하게 된다. 그래야만 새로운 것을 만날 수 있는 기회가 생긴다. 어쩌면 실패는 성공의 또 다른 이름인 것이다.

성공하고 싶다면 실패를 두려워하지 말고 실패로부터 배우자. 성공한 사람들은 실패를 친구로 둔 사람들이 많다. 흑인 해방 운동가이자 페미니스트 안젤라 데이비스는 이렇게 말했다.

"벽을 밀치면 문이 되고, 벽을 눕히면 다리가 된다."

그녀는 자신을 좌절시키는 모든 걱정이나 두려움을 성공의 디딤돌로 삼으라고 말한다. 실패를 두려워하지 않으면 그 무엇도 장애가 되지 않는다. 장애조차도 꿈을 실현시키는 디딤돌이 되는 것이다. 실패를 두려워하지 말자. 오히려 실패를 즐기는 사람이 되자.

나 역시 실패가 두려울 때가 있다. 그래서 도전을 주저하거나 포기하기도 한다. 실패에 대한 부담감으로 아예 도전하지 않을 때가 있다. 그래서 내 삶은 더 나아지지 않고 고여 있는 물과 같이 무료한 일상이 연속되는 삶이었다. 그러다 문득 결과가 나빠서 '실패'라고 생각한 것이 진짜 실패가 아니라, 발전하려고 하지 않는 무지한 태도가 진짜 '실패'라는 깨달음이 왔다. 이제 삶에서 실패의 두려움 따위는 날려 버리자. 깊숙이 고여 있는 실패의 늪에서 허우적거리며 바닥을 치더라도 끝까지 시도해 보자. 시도조차 해 보지 않는다면 그것이 바로 실패다.

　김태광 작가는《실패했다 그래서 성공할 것이다》에서 "아무리 능력이 뛰어나도 도전하지 않으면 성공할 수 없다. 도전하지 않는 사람은 노를 젓지 않는 배와 같고 언제나 그 자리에 머물러 있을 뿐이다."라고 강조하면서 반드시 실천해야 하는 성공 키워드로 세 가지를 제시했다.

　첫째, 꿈을 향해 도전하라.
　둘째, 시련과 역경이 닥쳐도 끝까지 도전하라.
　셋째, 실패에서 교훈을 얻어 다시 도전하라.

　성공한 사람들은 실패를 딛고 일어난 사람들이다. 끝없이 이어지는 좌절과 역경을 이겨 기회로 만든 사람들이다. 김태광 작가 역시 돈이 없어 몇 날 며칠을 라면 두 개로 버티기도 했다. 그리고 버스비가 없어 다섯 정거장을 걸어 다니기 일쑤였고 평일에는 잡지사 기자로 근무하고 주말에는 막노동을 했다. 그는 도전하는 근성과 포기하지 않는 신념으로 성공했다. 현재 그는 대한민국에서 작가이자 성공학 강사로 성공한 대표적인 사람이다. 성공한 사람들은 힘든 시간을 피하지 않고 견뎌 냈다.

　잠시 나의 남편 이야기를 해 보겠다. 남편 또한 수없이 많은 역경을 이겨 내고 어려움을 기회로 만든 승자다. 남편은 외아들로 주위의 부러움과 귀여움을 독차지하며 자랐다. 먹는 것에서 입는 것까지 온통 주변의 부러움을 샀다. 그러나 귀한 자식일수록 엄하게 키워야 한다며 아버지는 아들을 호되게 가르쳤다.

"동오야, 들에 가자."
"아버지 숙제해야 하는데요."
"숙제는 무슨, 빨리 나오지 못해!"
"엄마……."

엄마를 향해 구원의 눈빛을 보내자 아버지는 더 큰 소리로 불호령을 내렸다. 엄마는 아들이 안쓰러웠지만 뾰족한 수가 없었다. 이렇게 남편은 공부는 뒷전인 채 초등학교 2학년 때부터 들로 산으로 꼴을 베러 다녔고 4학년 때는 논밭 쟁기질을 했다.

아버지가 무서워서 아버지 앞에서는 시키는 것을 다 했지만 사실 개구쟁이였다. 집에 있는 쇠로 된 것은 엿장수한테 팔아먹기 일쑤였고 남의 집의 물건까지 모두 집어다가 엿하고 바꾸어 먹었다고 한다. 그래서 엄마가 돈을 물어 준 적이 한두 번이 아니라고 했다. 이런 아들을 보고 아버지는 "남자는 속으로 사랑하는 것이지 겉으로 사랑하는 것이 아니야."라며 삶의 도리를 엄하게 가르쳤다. 남편이 열세 살일 때는 아이스크림 장사를 했다.

"하드나, 아이스께끼."
"하드나, 아이스께끼."

　동네 어른들은 이런 꼬마의 모습이 대견한지 설탕과 환타 얼린 물인 줄 아시면서도 팔아 주었다. 그리고 남편은 어떻게 하면 물건을 판매할 수 있는지 사람들의 심리를 배우기 시작했다. 그 후에는 파래 김을 도매로 떼어다가 일일이 포장을 해서 이윤을 남기고 파는 등 경영과 인간관계를 배웠다. 많은 사람들이 어린 나이에 열심히 하는 모습이 예뻐서 남편을 도와주기도 했지만 모두 그런 것은 아니었다. 어린아이라고 무시하고 돈을 떼어먹는 사람도 있었다. 그때는 너무나 억울해서 씩씩거렸는데 그때마다 아버지는 말없이 아들의 어깨를 다독여 주었다고 한다.

　그런 뒤 아버지는 갑작스럽게 심장마비로 돌아가셨다. 남편은 "아버지가 일찍 돌아가실 것을 알고 그렇게 자신을 혹독하게 가르치셨나 보다."라고 말했다. 남편은 어린 시절 아버지로부터 자립심을 배웠던 것이다.

　다음 세대를 이끌어 갈 우리 아이들 역시 힘든 상황을 피해 가는 것이 아니라 견뎌 내고 해결해 나가는 아이들이 되기를 바란다. 올바른 교육이란, 문제를 해결할 수 있도록 도와주는 교육이다. 요즘 부모들은 자녀들이 문제를 해결할 실마리를 주지 않는다. 문제를 모두 다 없애 버리고 좋은 것만 준다. 물론 부모는 자식에게 좋은 것만 주고 싶다. 그러나 그러한 마음이 아이를 연약하게 만들기 쉽다. 아이가 할 수 있는 것은 스스로 하도록 기회를 주는 것이 중요하다. 필요하다면 문제 상황을 던져 주고 의도적으로라도 실패를 경험하고 도전하게 해야 한다. 아이는 어느새 실패조차도 성공의 기회로 만들 것이며 도전은 또 하나의 시작이 될 것이다.

09

끝까지 버티는 것이
이기는 것이다

천재는 단지 인내하는 습관을 기른 사람일 뿐이다.
– 벤저민 프랭클린

사람들은 자신의 성공을 위해 이기고 싶어 한다. 그러나 이기는 방법을 제대로 모르는 것 같다. 바로 '끝까지 견디는 것이 이기는 것'이다. 한국의 역사만 봐도 알 수 있다. 꺼지지 않는 우리 민족의 외침이 있었기에 지금의 대한민국이 존재하는 것이다. 개인과 가정을 살펴보아도 마찬가지다.

얼마 전 방송 프로그램 〈힐링캠프〉에 이지선 씨가 출연했다. 그녀는 2000년 7월 30일, 학교 도서관에서 공부를 마치고 오빠의 차로 귀가하던 중 음주 운전자가 낸 7중 추돌사고로 전신 55%의 3도 중화상을 입었다. 그녀의 화상은 '대한민국 화상 일등'이라는 별명을 얻을 만큼 심각했다. 의사들은 살 가망성이 없을 뿐더러 만약 살아난다고 해도 사람 꼴이 아닐 거라고 이야기했다. 이지선 씨는 7개월간의 입원과 서른 번이 넘는 수술과 재활치료를 이겨 냈다. 지금은 많은 사람들에게 사랑과 희망을 전하는 동기부여가로 제2의 인생을 살고 있다.

MC는 이지선의 약력을 읽으면서 사고를 당했다고 표현했다. 그러자 이지선 씨는 "저는 사고를 당했다고 생각하지 않아요. 항상 사고를 만났다고 이야기해요. 우연히 길을 가다가 누군가와 부딪친 거죠. 사고를 만나고 나서 저는 생일이 두 개라고 생각하며 살아요. 1978년도는 엄마가 저를 낳으신 해, 2000년 7월 30일은 두 번째 생일이에요."

이지선 씨는 사고를 당한 것이 아닌, 만난 것이라는 긍정적인 마음 자세로 제2의 기적적인 삶을 살고 있다.

"이 터널을 지나고 포기하지 않고 가다 보면 언젠가는 빛을 만나게 될 것이다."

가족들조차 그녀의 예전 모습을 떠올리지 못한다. 지선 씨는 엄지손가락을 제외한 여덟 개의 손가락을 한 마디씩 절단하고 '3급 장애 진단'을 받았다. 그러나 그녀는 이런 지독한 운명과 화해하며 빛나는 삶을 살고 있다. 화상을 입은 부위를 소독해 낼 때는 진통제도 소용없었다. 그러나 그 통증보다 괴로웠던 것은 그 시간을 기다리는 것이었다. 그럼에도 그녀는 좌절하지 않고 이 모든 역경을 이겨 냈다.

그녀는 "모든 걸 잃었다고 절망한 순간도 있었지만 지금 돌아보니 사고 이전보다 더 많은 행복을 얻었어요. 지금의 마음에선 예전 얼굴로 사는 걸 굳이 거부하지는 않겠지만 그걸 갖겠다고 지금의 행복을 포기할 수는 없어요. 저는 지금 충분히 행복해요."라고 고백했다.

나 또한 유치원을 운영하면서 수없이 많은 어려운 일을 넘었다. 남이 보기에 탄탄대로인 것 같아 보여도 포기하고 싶었던 때도 많았다. 언젠가는 내가 운영하는 유치원이 잘나간다는 이유로 지역의 원장이 교육청에 고발한 일도 있었다. 또한 믿었던 동료에게 배신도 당했다. 그러다 문득 나를 지켜보는 사람들도 저마다의 이유로 힘든 과정들이 있었겠다는 생각이 들었다.

사랑이 있는 고생은 '행복'이다. 어려울수록 포기하지 말고 사랑해야 한다. 내가 무던히 힘들 때도 미소 지어 주는 아이들의 사랑이 있었기에 지금까지 일을 이어 올 수 있었다. 그동안 남에게 싫은 소리 한 번 하지 않으면서 스스로를 채근하며 살았다. 그래서 공부도 열심히 했다. 나의 두 딸은 나를 극복의 아이콘이라고 한다. 그만큼 견디는 능력이 있다는 것이다. 힘들어서 포기하고 싶을 때 '조금만 더 해 보자' 하면서 힘을 냈던 것이 '지금'을 만들어 냈다.

나는 유치원을 운영하고 있지만 부모교육 전문 강사가 되는 것이 꿈이다. 그 꿈을 이루기 위해 수없이 많은 강연 공부를 했다. 하지만 소극적인 성격 탓에 많은 청중들 앞에 서는 것이 두려웠다. 그래도 그 꿈을 포기할 수 없었다. 왜냐하면 꿈이 있는 사람은 길을 잃지 않기 때문이다. 유아교육기관에서 아이들을 올바르게 잘 지도하려면 무엇보다 중요한 것이 부모교육이다. 그 믿음을 향해 달리고 또 달려 지금은 엄마들이 모여 있는 곳이라면 어디서든지 부모교육 강의를 하는 강연가가 되었다.

내가 청중들에게 건네는 첫마디가 '딱 그만큼'이란 말이다. '딱 그만큼' 내가 들려주고 싶은 말이 있고, '딱 그만큼' 나로부터 들어야 할 말이 있어서 우리가 만나게 된 것이다.

'딱 그만큼'이란 단어는 'give'의 언어다. 내가 사랑을 준 그만큼, 내가 시간을 준 그만큼, 내가 노력한 그만큼, 내가 웃은 그만큼, 내가 사랑한 그만큼, 내가 행복한 그만큼, 내가 견뎌 온 그만큼이다.

학기를 처음 시작할 때 학생들에게 하는 말이 있다. 바로 '끈을 놓지 마라'다. 내가 무엇인가를 시작했으면 시간이 오래 걸리더라도, 조금은 부족하더라도 끈을 놓지 말라고 한다. 그래야 무엇인가 이룰 수 있다. 그러니 시작할 때 잘 살피고 시작해야 한다. 여기저기 등떠밀려서 하고 싶지 않은 것을 선택할 때는 어김없이 기웃거리게 된다. 결과적으로 시간만 낭비될 뿐이다. 내가 가르치는 영유아보육과 학생들도 자신이 좋아서 선택한 경우에는 공부가 힘들어도 끝까지

해낸다. 그러나 그렇지 않은 경우에는 학기 중간에 포기한다. 물론 공부가 어려워서 그렇기도 하지만 자발적이지 않기에 집중이 안 되는 것이다. 해도 그만, 안 해도 그만이라는 생각으로 뭔가를 한다면 인생이 낭비된다.

많은 성공자들에게 "성공한 이유가 무엇입니까?"라고 물으면 '선택과 집중'이라고 이야기한다. 자기 자신이 우선은 기뻐야 그 일을 평생 행복하게 할 수 있을 것이다. 그러니 우리 아이들에게도 수없이 많은 다양한 선택의 기회를 주어야 한다. 그래야만 할 수 있는 것을 잘 선택해서 끝까지 잘할 수 있기 때문이다. 혹여 책임감으로 적성에도 맞지 않는 것을 계속하게 된다면 어떻게 해야 할까? 그때는 반드시 일찍 포기해야 한다. 포기도 한 방법이기 때문이다. 절대 포기하면 안 된다고 말하는 사람도 있다. 그러나 그것은 바람직한 방법이 아니다. 왜냐하면 행복이 우선이기 때문이다. 무언가 싫어하는 일을 이제 그만 멈출 수 있는 용기도 필요하다. 그러니 이제 가슴이 뛰는 일을 찾아 길을 떠나 보자. 견디며 이어 나가는 것이 인생길일 것이다. 당신이 원하는 딱 그만큼만 걸어 보고 견뎌 보자.

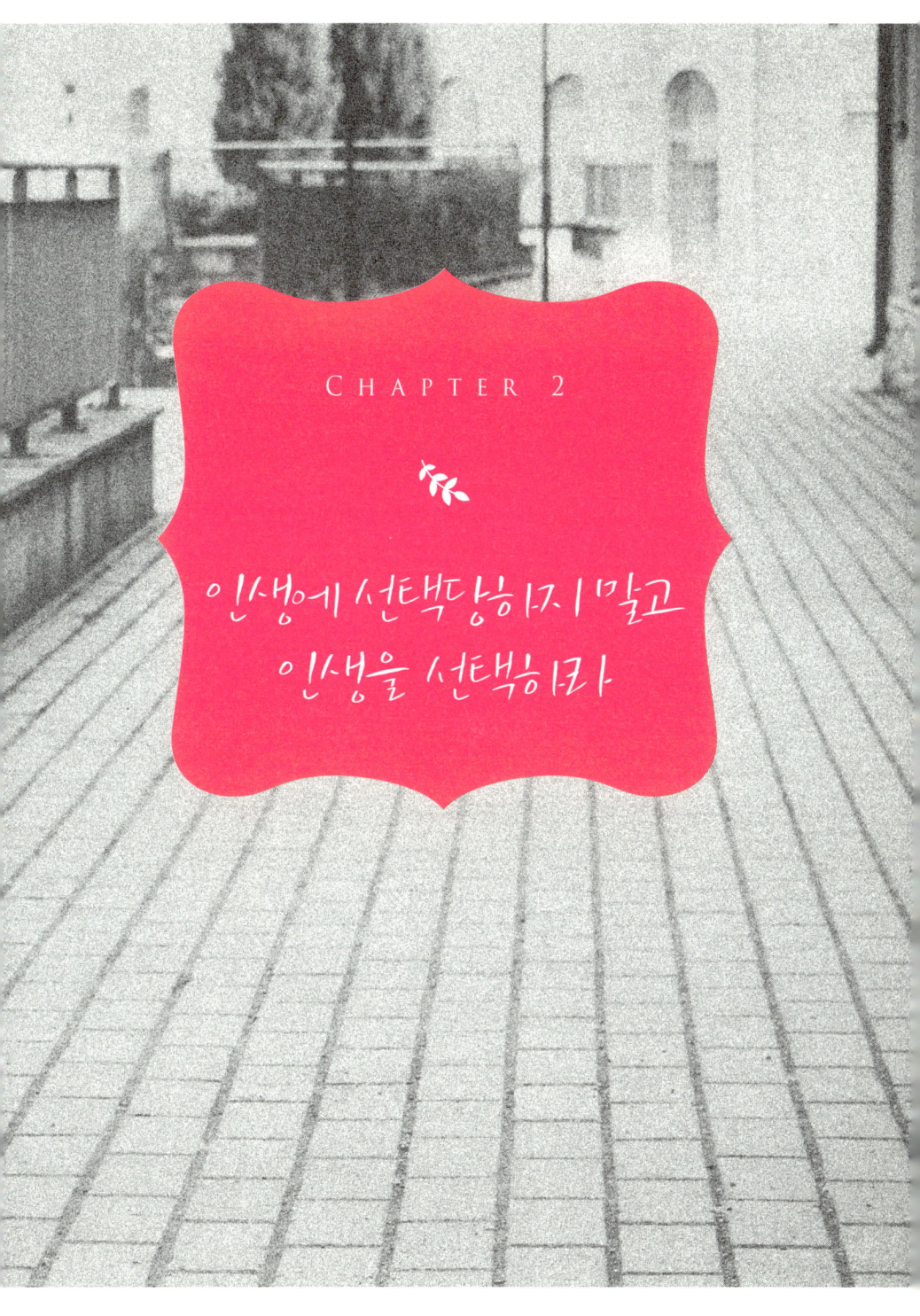

CHAPTER 2

인생에 선택당하지 말고
인생을 선택하라

01

위기는 바깥에서
오는 것이 아니다

어제와 똑같이 살면서 다른 미래를 기대하는 것은
정신병 초기 증세다.

– 아인슈타인

올해는 내가 유치원을 운영한 지 30년이 되는 해다. 언제 그렇게 시간이 흘렀는지 세월이 유수와 같다는 말이 실감난다. 유아교육과를 나오고 유치원 교사를 거쳐서 유아교육 한길만을 고집하며 살았다. 지금은 그 시간이 자랑스럽다.

내가 사는 지역은 평택 안중이다. 이곳에서 뿌리를 내리고 유치원을 운영한 지 10년이 되었다. 그전에는 오산에서 유치원을 운영했다. 그러나 조금 더 좋은 환경에서 유아교육을 하고 싶다는 생각에 안중에 자리를 잡게 되었다. 그동안 여러 가지 어려운 일도 많았지만 그래도 잘나간다고 하는 유치원으로 자리매김했다.

30년 전 내가 처음 유치원을 운영했을 때의 일이다. 그때는 아주 비좁은 공간에서 부족하게 시작했다. 나 또한 조직을 운영하는 것뿐만 아니라 교사생활도 오래되지 않아 모든 것이 서툴렀다. 특히 사람과의 관계를 어떻게 해야 할지 몰라 힘들었다. 열심히만 한다고 되는 것이 아니었다.

어느 날 갑자기 그만둔다는 말 한마디 없이 연락을 끊어 버린 교사들도 있었다. 아침 등원 시간에는 차량 기사가 나오지 않아 애를 먹었던 일도 있었다. 그래서 아침이 무서웠던 적이 한두 번이 아니었다. 주기적으로 월요일이면 이런 일을 수차례 겪었고, 나는 '교사 구함'이란 전단지를 만들어 발이 붓도록 돌아다니며 직접 전봇대에 붙이기를 수없이 반복했다. 이러한 상황들이 나를 더욱더 작아지게 만들었고 모든 일에 자신 없게 만들었다. '나는 여기까지인가?'라고 질문하며 자책했다. 복잡한 것에서 그만 손을 놓고 싶었다.

"여보, 이제 그만해야 할까 봐요."

"무슨 일 있는 거야?"

"아니, 그냥 힘들어서……."

"선생님들 월급 주기도 힘들고 차량 관리도 너무 어렵고, 자신이 없네요. 언제까지 당신 월급으로 직원들 월급을 줄 수는 없잖아요."

"그럼, 우리 둘이 한번 해볼까? 당신은 아이들 가르치고 나는 운전해 줄게. 그러면 우리 월급은 없어도 되잖아."

"그건 안 돼요. 그것마저 없으면 우린 생활할 수 없어요. 직장은
또 어떻게 하고요."

"그만두지 뭐."

남편은 직장에서 신임이 두터웠고, 그만두어서는 안 되는 입장
이었다. 그래서 남편의 말이 그저 나를 위로하는 말이라고 생각했
다. 그런데 남편은 내가 힘들어하자 결단을 내렸다. 그 후 유아교육
전공자도 아닌 남편과 함께 유치원을 운영하게 되었다. 사실 유치원
을 운영하고 싶다는 마음으로 열심히만 하면 될 것이라는 생각뿐이
었지 준비를 제대로 하지 못했다. 결과는 뻔했다. 이렇게 남편의 새
로운 결정으로 다시 '시작'하게 되었다.

우리는 비장한 각오로 의기투합했다. 혼자 유치원을 운영했을 때
와는 다르게 '판'이 짜이기 시작했다. 남편은 나에게는 부족한 추진
력, 집요함, 결단력, 근면함, 리더십, 열정 등과 같은 성공 요소들을
많이 가지고 있었다. 특히 자기관리 면에서는 추종을 불허할 정도
로 엄격했다. 작은 유치원이기는 하지만 유치원도 하나의 조직이라
고 생각한 남편은 직원들의 시간부터 체크하기 시작했다. 시간을 어
떻게 쓰고 활용하는지 일일이 체크하면서 효율적으로 시간을 관리
하도록 독려했으며, 빗자루를 잡는 것부터 시작해서 온갖 궂은일을
마다하지 않고 했다. 직원들에게 모범을 보이며 직원들 스스로 움직
이게 한 것이다.

말로만 명령하는 것이 아니라 행동으로 보여 주는 모습에 직원들의 마음도 움직이기 시작했다. 유치원은 활력을 찾았고 교사들의 발걸음 소리마저 다르게 느껴졌다. 이렇게 한 사람의 투입으로 유치원은 변화되었고 리더가 얼마나 중요한지 깨닫게 되었다. 이 기회를 토대로 스스로를 혁신하고 인생의 지도를 다시 그리게 되었다.

우리는 한 팀이 되어 하루를 24시간이 아니라 48시간처럼 열심히 살았다. 내 인생 최고의 열정적인 시간이었다. 직원들도 모두 한마음이 되어 자신의 일처럼 도왔다. 그 당시는 힘들기는 해도 시간이 가는 것조차 아까울 정도로 살맛이 났다. 아마도 내가 포기했다면 이러한 기쁨은 맛보지 못했을 것이다.

나는 남편의 도움으로 조직 관리와 운영 부담에서 벗어나 유아·부모교육에 전념하게 되었다. 원아모집 시기가 되면 부모들은 나를 초청하기 바빴다. 혹여 나쁜 소문이라도 있으면 발 벗고 나서 해명해 주기도 하고 자신의 일처럼 도와주었다. 그러다 보니 유치원은 날로 입소문을 타게 되었고 매해 반이 늘기 시작했다. 행복한 비명을 지르는 나날의 연속이었다.

성장을 거듭하며 현재는 성숙의 단계에 접어들었다. 이는 만족하지 않고 꾸준히 변화하려고 노력한 결과다. 남보다 반 발짝 더 가려고 하는 마음, 사람을 아끼고 사랑하는 마음이 곧 성공의 디딤돌이 된 것이다.

나를 보고 많은 사람들은 유아교육에 성공한 원장이라며 부러워한다. 이럴 때일수록 내가 조심해야 할 것은 '초심'을 지키는 일이다. 사실 성공했다고 생각한 순간 위기가 다가올 수 있다. '처음 사랑 끝까지'라는 생각을 뼛속까지 하게 되었다.

지금도 진정성을 잃어버리지 않으려고 스스로를 채근한다. 곰곰이 생각해 보니 인간에게 일어나는 모든 어려운 일들은 바깥으로부터 오지 않는다는 것을 깨달았다. 위기는 자신으로부터 오는 것이다. 말하자면 위기는 강력한 리더십 없이는 극복하기 어려울뿐더러 준비 없는 리더는 언제든 위기를 만날 수 있다.

지금 어쩔 수 없는 위기가 닥쳤는가. 그 자리에서 승부를 내 보길 바란다. 너무 힘들어서 자신이 하던 모든 일을 멈추고 다른 일을 찾아 떠난다면 무책임한 일일 것이다. 그동안 준비하고 해 온 일도 힘들어 포기한다면 새로운 어떤 일도 할 수 없다. 그러니 그동안 쌓아 온 노하우를 살리는 것이 더 유리하다. 힘들다고 그냥 주저앉으면 성공에 이를 수 없는 것은 분명하다. 그러니 혼자 힘으로 되지 않는다면 도움을 구하라. 도움을 요청하는 것도 한 방법이다. 혼자서 모든 것을 다 해결하려고 하지 말고 전문가에게 도움을 요청하거나 가까이 있는 사람에게 도움을 요청해 보자. 그러면 뜻밖의 행운이 기다리고 있을 것이다.

인생의 정원사가 되라

역경에 처했다고 상심하지 말고
성공했다고 하여 지나친 기쁨에 휩쓸리지 마라.
이 두 가지를 항상 마음에 새겨 두어라.
– 호라티우스

나는 '성공'이란 말을 좋아한다. '성공'이란 단어를 듣는 것만으로도 가슴이 뛰고 벅차오른다. 무엇인가 어려운 일을 극복하고 해냈을 때의 그 행복감은 말로 다 할 수 없다. 성공하지 못한 사람들은 성공한 사람들을 보며 헐뜯기도 한다. 무엇인가 나쁜 방법으로 이득을 취한 것이라며 상대방을 끌어내리려고 한다. 그러나 성공한 사람들은 수없이 많은 위기를 이겨 낸 사람들이다.

성공의 대명사로 불리는 고(故) 정주영 회장 역시 '시련은 있어도 실패는 없다'는 본보기를 몸소 보여 주었다. '세상에 노력하면 안 되는 일은 없다'고 생각하는 그 뚝심이 지금의 현대그룹을 있게 했다.

세상에는 두 부류의 사람들이 있다. '이만하면 됐어'라고 안주하는 사람과 '이제 또다시 시작이야'라며 다시 한발을 내딛는 사람이다. 물론 성공의 달콤함에 취하고 싶은 것은 어쩌면 당연할 수 있다. 그러나 성공이 주는 달콤함에만 취해 있다면 그 이후는 누가 말하지 않아도 알 수 있을 것이다. 위기는 언제든 도사리고 있다. 성공한 사람들은 남들이 성공했다고 했을 때 한결같이 더 성장하려고 애쓴다. 이들은 혹시나 큰 위기가 닥치더라도 그것을 기회의 시나리오로 재구성해 성공의 로드맵을 짜서 새로운 길을 구축한다.

주변의 많은 원장들은 나를 유아교육계에서 '성공한 원장'이라고 말한다. 나 역시 나를 '성공한 원장'이라고 말한다. 내가 이렇게 말하면 비웃을 수도 있을 것이다. 하지만 난 성공했다. 이렇게 말하면 곧 위기가 올 것인가? 아니다. 계속 성공을 유지하는 것이다. 그러기 위해서는 끊임없이 공부하면서 새로운 기회를 모색해야 한다. 여기서 왜 내가 스스로를 성공했다고 말하는지 그 비밀스러운 이유 몇 가지 이야기해 보겠다.

첫째, 나는 '인생 정원사'다.
자신과 가족뿐만 아니라 일터를 가꾸며 인생을 가꾼다. 유치원은 영어로 'kindergarten' 어린이 정원이다. 그러니 교사는 아이들의 발달 연령에 잘 맞도록 햇빛과 각종 양분을 주어야 한다.

둘째, 감사경영이다.

감사는 성공의 아이콘이다. 나는 매일 감사로 시작하고 마무리한다. 평범한 이야기 같지만 성공한 이들은 모든 일에 감사가 넘친다. 혹여 일이 잘못되었어도 더 나빠지지 않은 것에 감사해한다. 나 또한 홈페이지, 블로그에 하루에도 수백 번 '감사합니다'라는 댓글을 남긴다. 감사는 또 다른 감사를 끌어당긴다. 그래서 더욱 감사한 삶을 살게 된다.

감사는 보물찾기와 같다. 내가 찾지 않으면 감사는 보이지 않는다. 지금부터 보물을 찾듯이 감사를 찾아보자.

얼마 전 교회 목사님으로부터 선물을 받았다. 선물은 과자였는데, 이름이 '타마고보로'였다. 이 과자는 감사로 만들어진 과자였다. 나는 이름이 흥미로워 이곳저곳 검색을 하기 시작했다. 인터넷 전자 칼럼에 의하면 일본 다케다 제과의 창립자인 다케다 와헤이 회장은 행복한 직원이 더 좋은 품질의 제품을 만든다는 믿음을 가지고 있었다. 직원의 행복을 챙기기 위해 그는 감사경영을 시작했는데 우선 직원이 감사의 힘을 직접 확인할 수 있게 했다. 직원을 모두 모아 놓고 그중 2명을 뽑아 한 명은 남을 욕하는 말만 하게 하고 다른 한 명은 "감사합니다."라고 웃으며 말하게 했다. 그 후 비닐봉투에 두 사람의 숨을 담고 모기를 집어넣었다. 결과는 어땠을까. 욕을 한 사람의 비닐봉투 속 모기는 금방 죽어 버렸다. 반면에 감사의 말을 한 사람의 비닐봉투 속 모기는 죽지 않고 오래 살아 있었다.

감사의 힘을 몸소 보여 준 뒤 다케다 회장은 직원들이 서로 감사를 나눌 수 있는 제도를 만들었다. 대표적인 것이 '한 시간 감사인 사'다. 직원이 자발적으로 참여해 다른 직원에게 "감사합니다."라고 인사하는 것이다. 이 시간을 통해 직원은 동료를 고객처럼 소중히 생각하는 마음을 키운다. 또한 다케다 회장은 회사 대표 과자인 '타마고보로'를 만들 때도 과자를 향해 "감사합니다!"라고 외치게 했다. 공장에 "감사합니다."라고 녹음한 테이프도 24시간 틀어 놓았다. 이렇게 하면 과자 하나에 감사하다는 말이 백만 번 정도 들어간다고 한다.

다케다 제과 직원은 이렇게 서로 감사하는 조직문화 속에서 더욱 열심히 일할 수 있었다. 백만 번의 감사가 담긴 '타마고보로'는 일본에서 가장 인기 있는 계란과자로 자리매김하는 데 성공했다. 그 결과 1965년부터 줄곧 60% 안팎의 놀라운 시장점유율을 기록하고 있다. 이렇듯 기업도 인생과 마찬가지로 감사함으로 성공할 수 있는 것이다.

셋째, 선택과 집중이다.

많은 성공자들은 선택과 집중을 성공 키워드로 꼽았다. 나 역시 마찬가지다. 우리의 삶은 수없이 많은 선택의 상황에 놓여 있다. 나는 유아교육 활동에서 가장 중요한 것은 자유선택 활동이라고 생각한다. 어린 시절 수없이 많은 선택 활동을 하면서 자신의 선택을 존중받는 기회가 바로 자유선택 활동이다. 자유선택 활동의 기회를 잘 겪은 아동은 나중에 커서도 좋은 선택을 할 기회가 많다.

어린 시절 이러한 기회가 없이 성인이 되었다면 어쩌면 선택 장애 상태에 놓여 있을 수 있다. 그렇다고 힘들어할 필요는 없다. 왜냐하면 가장 최악의 상태에서도 최선을 선택하면 되기 때문이다. 이렇게 나는 감사를 선택하고 좋은 것에 집중하면서 내 인생을 가꾸기 시작했다. 그 결과 나의 인생이라는 정원은 점점 더 아름다워졌다. 좋은 것들은 평범한 곳에 있다는 진리를 잊지 말아야 한다.

인생은 '점'이 아니라 '선'이다. 수많은 점과 점을 잇는 가운데 또 하나의 점이 나타나고 또 선이 되는 것이다. 수많은 점들을 이어 가기를 수없이 반복하면 때로는 반듯한 선이 되기도 하고 때로는 부드러운 곡선이 되기도 한다. 점은 수없이 많기 때문에 선택할 수 있는 기회가 많은 것이다. 그러니 지금 힘들다고 포기하지 말고 내 옆에 있는 가장 가까운 점을 하나 찾아 이어 보자. 작은 점 하나가 큰 출발이 된다. 새로운 시작이 위대한 인생을 만들 것이다. 또한 자신이 성공한 위치에 있다면 또 다른 점을 찾아 또 이어 보자. 그 선이 바로 인생의 로드맵이 된다.

놓치고 싶지 않은 꿈에
기회를 쥐라

꿈을 날짜와 함께 적어 놓으면 목표가 되고
목표를 잘게 나누면 계획이 되며
그 계획을 실행에 옮기면 꿈이 실현되는 것이다.

– 그레그 S. 레이드

나의 어릴 적 꿈은 선생님이었다. 그때는 선생님이 최고의 직업이
라고 생각했다. 선생님의 모습이 멋져 보여서 선생님이 되고 싶다는
생각을 늘 하며 살았다.

"엄마는 꿈이 뭐였어요?"

"나는 선생님이었어."

"나도 처음에는 선생님이 될까 했는데, 지금은 하고 싶은 것이
너무 많아요. 아마 꿈이 계속 바뀔 것 같아요."

"그래?"

"꿈은 하나만 있는 것이 아니에요. 나는 하나씩 이루면서 계속

새로운 꿈을 꿀 거예요."

"우리 윤경이는 꿈이 많아서 좋겠다!"

나와는 달리 막내딸은 여행 작가, 통역사, 상담가, 강연가 등의 꿈이 있다. 그러나 꿈만 꾸는 것이 아니다. 어린 나이에도 자신의 꿈을 실현시키기 위해 도전하는 삶을 살고 있다. 얼마 전에는 작가의 꿈을 이루기 위해 《십대가 진짜 속마음으로 생각하는 것들》이라는 책을 펴냈다. 지금은 후배들에게 꿈을 이야기하며 동기부여가로 활동 중이다.

친구들에게는 고민을 들어 주는 상담자가 되기도 하면서 자신의 꿈을 이루어 나가는 모습이 대견하기도 하고 부럽기도 하다. 그동안 나는 나의 꿈이 무엇인지도 모르고 바쁘게만 살았다.

어린 시절 선생님이 되고 싶어 선생님이 되었지만 왠지 아쉽다는 생각이 든다. 그리고 지금 무엇인가 꿈을 꾸고 도전하기엔 늦은 나이가 아닌가 하는 생각도 든다. 그러나 인생은 지금부터다. '늦었다고 생각할 때가 가장 빠른 때다'라는 말도 있듯이 지금부터 나의 꿈에 기회를 주고 도전해야 한다. 용기만 있다면 그 어떤 것도 꿈을 가로막을 수 없을 것이다. 지금부터 자신의 꿈에 기회를 주자. 그 꿈들이 또 다른 꿈의 바탕이 되고 인생의 반전을 허락할 것이다.

내가 쓴 《화내는 엄마, 눈치 보는 아이》는 육아서다. 이 책은 부모 교육을 하면서 내가 보았던 아이와 엄마들의 이야기다. 이 책은 출간

되자마자 베스트셀러에 올랐는데 물론 힘든 과정을 거쳐야 했다.

내가 가지고 있는 생각을 책으로 쓴다는 것이 자신이 없어 책 쓰기 공부를 시작했다. 공부를 하는 과정에 나이 어린 직원으로부터 호된 꾸지람을 받기도 했다. 나는 반갑게 이야기를 한 것인데 상대는 자신을 무시했다면서 화를 냈다. 나는 어이가 없었지만 집으로 돌아와 곰곰이 생각했다. 앞으로 책쓰기 공부를 계속해야 할지 말아야 할지 수없이 많은 생각을 했다. 이렇게 한참 생각에 몰두하다가 거의 포기 직전에 다다르자 문득 이런 생각이 났다.

'깰 것인가? 깨질 것인가?'

'내가 먼저 깨지 않는다면 분명 다른 사람으로부터 깨질 것이다'라는 생각이 들었다. 그래서 이때부터 내가 미처 몰랐던 나의 문제들을 생각해 보게 되었다. 나는 마음을 다잡고 나를 뒤돌아보는 시간을 가졌다. 그러고는 나의 연약한 부분이 어디인지 다시 살펴보는 시간을 가졌다. 그런 후 다시 책쓰기에 매진하기로 결정했다. 거의 책쓰기가 완성될 무렵 나를 돌아보게 한 그때 그 직원과 마주쳤다.

"선생님, 지난번에는 우리 직원들을 가볍게 대하시는 것 같아서 그랬어요. 그렇다고 그만두시라는 이야기는 아니었어요. 그때 제가 강하게 이야기하지 않으면 질서가 깨질 것 같아서 그랬어요. 죄송합니다."

"그때, 정말 한판 싸우고 그만두려고 했어요. 그런데 내가 여기서 이런 말 한마디 때문에 포기한다면 남에게 깨지는 상황들이 빈번히 있을 때 이런 상황들을 견뎌 낼 힘이 없을 것 같아서 다시 마음을 힘들게 추슬렀어요."

"그러셨군요. 그래도 작가님 정말 멋지세요. 잘하셨어요."

"그래도 너무 서운했어요."

내가 반갑게 응대한 것을 그 직원은 자기네들을 무시한다고 생각했던 것이다. 나로서는 어처구니없는 일이라고 생각했지만 나에게는 기회가 되었다. 아마 포기했다면 내가 책을 쓸 기회는 다시 오지 않았을지도 모른다. 그러면서 그냥 '책 한 권 써야지' 하며 마음속으로 생각만 하며 시간을 흘려보내고 있었을 것이다. 이렇게 사소한 부분들이 꿈을 이루는 데 방해가 되는 요소들이 될 수 있다. 그러니 이러한 것들로 자신의 꿈을 포기하는 어리석은 행동은 하지 말아야 한다.

나는 《화내는 엄마, 눈치 보는 아이》를 통해 저절로 꿈이 이루어지는 짜릿한 순간을 맞이했다. 그리고 지금은 부모교육 강연가가 되기 위해 도전하고 있다. 꿈이란 꿈 하나로 끝나는 것이 아니라 서로 연결되어 또 다른 꿈의 바탕이 된다. 그렇기 때문에 절대로 자신의 꿈을 놓지 말아야 한다.

박명숙 작가는 《꿈에게 기회를 주지 않는다면 꿈도 당신에게 기회를 주지 않는다》에서 이렇게 말했다.

"한계와 포기라는 유혹만 과감하게 물리친다면 기회는 반드시 찾아오게 마련이다."

나 역시 마찬가지다. 그리고 그 어떤 것도 꿈에 걸림돌이 될 수 없다. 핑계만 대며 "할 수 없다."라고 말하면 안 된다. 분명 안 되는 것을 가능하게 만들 때 꿈이 더욱 빛나게 될 것이다. 그 꿈은 자신에게 나침반이 되기도 하고 등대처럼 인생의 길잡이가 되어 줄 것이다.

최악의 상태에서도
최선을 선택하라

불행을 하나의 출발점으로 삼는 사람이 되어라.

– 발자크

얼마 전 호흡기질환 신종플루가 대한민국을 덮쳤다. 그때는 교사들과도 한마음이 되지 않아서 유치원을 운영하는 데 힘이 들었다. 그런데 연일 TV 뉴스에서는 신종플루로 인한 사망자 소식이 전해졌다. 온 나라가 신종플루로 몸살을 앓고 있었다. 그나마 유치원을 운영하고 있는 안중은 괜찮은 것 같았지만 안심할 수 없었다. 이때는 조심하는 것이 최고의 방법이었고, 신종플루가 발생하면 가장 먼저 학부모들에게 알려 빠르게 대처하도록 하는 것이 원장이 할 일이라고 생각했다.

그러던 중 신종플루가 안중 지역에서 수면 위로 떠오르기 시작했다. 이미 발생한 환자는 많은데 사람들이 쉬쉬하고 있었던 것이다.

그러던 중 우리 유치원에서 신종플루 대상자가 발생했다. 정확한 진단 결과를 기다리는 사이에도 위험이 닥칠 수 있어 가정통신문을 모든 부모들에게 발송했다. 신종플루는 우리 유치원만의 일이 아니었기 때문에 감염을 막는 것이 최우선이었다. 학교도 휴교령을 내려야 할지 말아야 할지 망설일 때였고, 유치원은 휴원을 해야 할지 말아야 할지 고민하고 있을 때였다. 그런데 문제가 여기서부터 심각하게 발생했다. 신종플루가 발생하면 했지 왜 공문을 모든 학부모에게 보내서 해당 학생들을 창피하게 하느냐는 항의 전화가 빗발쳤다. 내가 보낸 가정통신문으로 인해 신종플루 대상자 정보가 일파만파로 퍼진 것이다. 급기야 학교에서도 동생이 대일 유치원에 다니고 있으면 내일부터 학교에 오지 말라고 했다는 것이다.

이때부터 우리 유치원은 신종플루 생산지가 되었고 죄인이 되었다. 아마 신종플루에 감염된 것보다 많은 사람들로부터 왕따를 당하는 것이 더 견딜 수 없었던 것 같다. 이로 인해 퇴원하는 아이들이 연이어 발생하고 나를 믿고 따랐던 학부형들도 나를 떠났다. 나역시 믿었던 학부형들이 떠나는 것에 대한 원망이 커져 인간에 대한 믿음이 흔들리기도 했다.

그러나 많은 사람들에게 알리고 빨리 대처할 수 있게 한 것은 마땅한 일이었다고 생각한다. 만약에 내가 조용히 있었더라면 더 많은 아이들이 감염될 수도 있는 상황이었기 때문이다. 지금도 그런 상황이라면 똑같이 했을 것이다. 이때는 잃은 것이 많다는 생각에

CHAPTER 2_ 인생에 선택당하지 말고 인생을 선택하라

'왜 내게 이런 일이 벌어졌을까' 하며 괴로워했다. 하지만 지금은 개인의 이익보다 많은 어린이들을 생각한다는 진심이 전해져서 지역사회 최고의 유치원으로 자리매김하고 있다.

유치원을 운영하다 보면 다루기 힘든 아이들이 있다. 이는 발달적으로 문제가 있는 경우도 아니다. 그런데 대하기 힘든 아이일수록 부모가 먼저 아이를 숨기려고 하는 경향이 있다.

오래전 나에게 온 가슴 아픈 아이 훈현이가 있다. 훈현이는 여섯 살이 되었는데도 말이 어눌하고 자신의 의견을 내놓지 못했다. 그래서 누가 봐도 평범한 아이가 아니었다. 나는 훈현이 엄마를 유치원으로 불러 상담을 했다. 훈현이는 유치원에서 그냥 보통의 아이들과 수업을 할 수 없는 상황이므로 엄마와 상담하는 것은 당연했다. 더군다나 전문가에게 의뢰를 해야 하는 상황인 것은 분명했다.

"어머니, 훈현이가 유치원에서 좀 이상한데 어떻게 생각하세요?"
"훈현이가 왜요?"
"말을 전혀 하지 않고 혼자 중얼거리기만 합니다."
"집에서는 안 그러는데 왜 그러지."
"한번 검사를 받아 보시는 것은 어떠세요?"
"아무 이상 없다는데요. 그리고 발달센터에서도 정상이래요."
"아, 그래요. 그럼 훈현이가 발달센터에 다니나요?"

"네."

"아무 일 없는데 왜 발달센터에 다니는 것이지요?"

"……."

"어머님, 사실대로 말씀해 주셔야 제가 훈현이를 도와줄 수 있어요. 어머님 어디 발달센터인지 알려 주세요."

나와 상담을 하면서도 엄마는 훈현이가 전혀 이상하지 않다고 했다. 그러면서 발달센터에서도 정상이라고 했는데 나에게 왜 훈현이를 이상하게 보느냐고 했다. 그리고 보니 훈현이 엄마도 발달센터에 간 일이 있는 만큼 아이가 이상하다고 느낀 모양이었다. 나는 어렵게 훈현이가 다니는 발달센터를 알아내 전화를 걸었다.

"원장님, 안녕하세요. 저는 훈현이가 다니는 유치원 원장입니다. 훈현이가 발달센터에 다닌다고 하는데 맞나요?"

"네, 맞습니다."

"원장님, 그런데 발달센터 원장님께서 훈현이가 정상적인 발달을 보인다고 했다는데 다시 확인하고 싶어 전화를 드렸습니다."

"무슨 말씀이세요? 저는 유치원 원장님이 훈현이가 정상이고 아무 일 없다고 걱정하지 말라고 했다고 해서 의아하게 생각하고 있었어요."

CHAPTER 2_ 인생에 선택당하지 말고 인생을 선택하라

훈현이 엄마는 아이가 이상하다는 것을 알고 있었지만 용납하고 싶지 않았던 것이다. 참 안타까웠다. 훈현이 엄마의 마음이 이해가 안 되는 것은 아니었지만 이대로 방치해서는 안 되는 일이었다. 더 늦기 전에 훈현이를 도와주어야 했다. 나는 훈현이 엄마를 유치원에 오게 해서 다시 이야기를 나누었다.

"어머니, 왜 그러셨어요? 이대로 훈현이를 두고 볼 수 없어요. 얼른 조치를 취해야 할 것 같아요."

"네, 원장님. 저도 여기저기 알아보고는 있지만 차마 원장님께 말씀 드리고 싶지 않았어요."

"그런 게 어디 있어요. 이런 일은 빨리 서로 도와야지요."

그날 이후 나와 훈현이 엄마는 훈현이를 다른 전문가에게 맡길 수 있었다. 현대인들은 많은 가면을 쓰고 살아간다. 스스로 어떤 가면을 쓰고 있는지조차 모르면서 말이다. 현실을 직면하는 것이 두렵기도 하고 때로는 어떤 사실이 두려울 수도 있다. 그래서 그것을 피하기 위해 많은 사람들은 최악을 받아들이고 그 상태에 머문다. 그렇게 되면 최선을 발견할 기회가 사라진다. 그러니 그때가 오면 결정해야 한다. 최악을 선택할 것인지 최선을 선택할 것인지 말이다.

우리는 어떤 상황에서도 최선을 발견하겠다는 목표를 가져야 한다. 인간관계에서도 마찬가지다. 항상 최선의 선택을 하겠다는 결정이 자신을 변화하게 하고 더 나아지게 한다. 더 나아지고 좋아지는 것을 두려워하지 말기 바란다.

05

일등도 품위 있게
해야 한다

믿음은 산산조각 난 세상을 빛으로 나오게 하는 힘이다.

– 헬렌 켈러

언젠가 숲의 나무들을 물끄러미 쳐다보고 있을 때였다. 숲의 나무들은 이미 빼곡히 들어차 서로 먼저 크려고 고군분투하고 있었다. 그와는 반대로 듬성듬성 서 있는 나무들은 키뿐만이 아니라 튼실한 나무 기둥을 뽐내고 있었다. 나무도 무리 속에 있을 때가 아니라 그 무리 속에서 벗어났을 때 자신의 자리가 굳건해지며 건강해진다. 사람도 마찬가지다. 살아가면서 불가피하게 경쟁의 소용돌이 속에 머물러 있지만 그것이 과연 행복일까?

일등은 언제나 짜릿하고 한 번쯤은 해 보고 싶은 일이다. 일등이 된다는 것은 기분 좋고 행복하고 뿌듯하다. 그러나 오로지 일등이 되려고 많은 사람들이 경쟁의 소용돌이 속에 빠져들고 있다. 그러다 보면 헤어 나오지 못하고 많은 것을 잃고 헤매게 된다.

TV 육아 프로그램인 〈슈퍼맨이 돌아왔다〉를 보았다. 출연자의 아이가 달리기 시합에서 일등을 못하자 울고 있는 장면이 방영되었다. 주변을 아랑곳하지 않고 우는 모습을 보면서 재미있기도 했지만 한편 '무엇이 저렇게 울 만한 일일까?'라는 생각이 들었다.

일본의 유치원을 방문했을 때도 이와 같은 모습을 목격했다. 친구들과 달리기를 하던 한 아이가 일등으로 달리다가 넘어졌다. 아이는 울 만도 한데 벌떡 일어나더니 다시 뛰기 시작했다. 그렇게 열심히 달렸는데도 일등을 하지 못했다. 그러자 그 자리에 주저앉아 분노와 억울함으로 씩씩거리고 있었다. 그러면서 다시 한 번 뛰도록 해 달라고 선생님에게 매달리는 것이었다. 나는 이것이 '인간의 본래 모습인가'라는 생각이 들었다. 하지만 꼭 이겨야만 직성이 풀리는 것은 아닐 것이다.

물론 서로 경쟁할 때 더 좋은 결과를 내기도 한다. 때로는 재미있기도 하다. 대한민국 어린이 역시 마찬가지다. 아이들이 등원하면 운동장 달리기를 한다. 아이들끼리 처음에는 친구를 이기겠다고 밀고 넘어뜨리면서 안간힘을 쓴다. 일등으로 들어오지 못하면 우는 모습이 누구라 할 것 없이 거의 비슷하다.

나 역시 많은 유치원들 가운데 일등이라는 소리를 듣고 싶다. 그것은 나의 자존심이기도 하지만 학부모들과 아이들의 자존심도 포함되어 있다고 생각한다. 그래서 최선을 다해서 유치원을 운영했다.

비단 이런 생각을 갖고 있는 것은 나뿐만이 아니라 유치원을 운영하는 원장이라면 모두 같을 것이다. 평상시에는 친하게 지내던 원장들도 원아모집 시기가 되면 서로 경계하게 된다. 신경을 곤두세우기도 하고 다른 유치원을 비난하기도 하면서 먼저 원아모집을 하겠다고 아우성친다.

매년 나는 학부모들과 함께 유아교육전에 참가한다. 내가 유아교육전에 학부모들과 함께 가는 이유는 유아교육의 전반적인 흐름과 변화를 실감하게 하기 위해서다. 차 안에서 한 엄마가 나에게 이런 질문을 했다.

"원장님, 힘드시겠어요."

"네, 무슨 말씀이세요?"

"우리 유치원 옆에 대형 유치원이 들어와서 원장님이 신경 쓰이겠어요."

"네, 그렇기는 하지만 거기도 잘 운영되어야 하니까 기도합니다. 그 유치원 원아모집도 신경 써 주셔야 해요."

"원장님은 욕심도 없으셔……."

학부모는 내가 운영하고 있는 유치원 옆에 대형 유치원이 생겨 걱정이 되었던 모양이었다. 그러나 내가 대수롭지 않게 이야기하자 학부모들 사이에서는 마음이 안정되었던 것 같다. 사실 나 또한 걱정이 안 되는 것은 아니다. 만약 새로 지어진 대형 유치원의 원아모집이 잘 안 된다면 아마 파행적으로 유치원을 운영하게 될 것이다. 그렇게 되면 그 파장은 다른 모든 유치원으로 퍼져 나갈 것이 뻔하다. 그러니 유아교육이 올바르게 잘되려면 그곳 또한 정상적으로 운영이 되어야 한다. 경쟁자들과 싸우는 곳이 아니라 유치원은 아이들이 행복한 곳이어야 하고 직원이 행복한 곳이어야 한다. 하지만 아이들만 행복해서도 안 되고, 직원만 행복해서도 안 된다.

내가 일과 가정에서 성공한 이유는 의미 있는 발전에 초점을 맞추었기 때문이다. 그것이 일등보다 더 나은 성공이다.

일등에는 일등만큼의 대가가 따른다. 친구를 사귀는 것을 비롯한 많은 즐거움들을 희생해야 한다. 만약 부모와 교사들이 일등만을 원한다면 일등 속에 속하지 않은 아이들은 사기가 뚝 떨어질 것이다. 또한 점수를 올리는 일에 집착하다 보면 사고가 경직되기도 하고 관계마저 어긋날 수 있다. 우리 사회가 초고속 성장을 하면서 경쟁을 부추기는 분위기가 만연되었다. 그러나 이제는 더불어 함께 사는 새로운 방법을 찾아야 한다. 친구를 이겨야 하는 것이 아니라, 실수를 하더라도 털고 일어날 수 있는 자세를 길러야 한다. 세상의 변화에 능동적으로 대처하고 선의의 경쟁을 할 줄 아는 능력이야말로 경쟁의 무리에서 탈출하는 방법이다.

유치원에서 놀이 프로그램을 진행할 때 경쟁의 방법을 통해 아이들에게 동기부여를 한다. 그 이유는 아이들에게는 경쟁심만 있는 것이 아니기 때문이다. 언젠가 운동회를 할 때의 일이다. 물 나르기 게임을 진행한 적이 있었는데, 물통에 물을 먼저 담는 사람이 이기는 것이었다. 처음에는 아이들끼리 이리저리 뛰며 먼저 물을 나르려고 고군분투한다. 그러나 한참 후에 나른 물을 나무와 꽃에 주자고 했더니 아이들 모두 즐거운 마음으로 힘을 모았다. 경쟁으로 시작한 것 같지만 함께 즐거운 시간으로 마무리했다. 모든 어린이들이 그 활동에 참여했지만 어떤 패배자도 나오지 않았다. 함께 힘을 모아 일하는 것 또한 인간의 본성일 것이다.

위대한 일은 혼자서 할 수 없다. 혼자만 잘하면 되는 줄 아는 것은 착각일 뿐이다. 타인과 함께 협력해 일하는 데 뛰어나지 않고서는 오랫동안 살아남을 수 없다. 〈K-POP 스타〉 오디션을 보면 우수한 개인의 능력도 심사하지만 한 팀을 꾸려 오디션을 보기도 한다. 그때 참가자들은 자신의 능력을 뽐내기 위해 안간힘을 쓴다. 그러나 그렇게 자신을 뽐냈던 참가자는 영락없이 떨어진다. 왜냐하면 참가자가 다른 사람들과 어떻게 어울리고 자신의 역할에 맞추어 다른 참가자들과 협력하는지 보기 때문이다. 물론 협력한다는 것은 쉬운 일이 아니다. 힘과 에너지가 들어간다. 말로만이 아니라 자신에게 이익이 되는 것을 포기할 줄도 알아야 하기 때문이다. 치샨훙의 《대도》에 이런 말이 있다.

"나무는 꽃을 버려야 열매를 맺고 강물은 강을 떠나야 바다에 이르는 법이다. 진정한 리더는 상대를 무너뜨릴 방법에 골몰하는 사람이 아니라 어떤 경쟁자도 따라올 수 없는 새로운 경지에 올라 모두에게 이익을 가져다주는 사람이다."

우리 주위를 둘러보면 경쟁은 어디서나 일어나고 있다. 특히 어린 시절 주변에서 부추기는 경쟁은 어른이 되어서도 계속 이어진다. 꼭 이겨서 자부심을 유지하려고 하고 꼭 누군가가 패배해야지만 성취감을 느낀다. 그러나 일등을 넘어 일류가 되어 보라. 경쟁 대신 평등과 협력에 초점을 맞추다 보면 품위 있게 승리하는 법을 배울 수 있을 것이다.

06

꿈은 먼저
뒤돌아서지 않는다

단지 성취에 걸리는 시간 때문에 꿈을 포기하지 마라.
시간이란 어차피 지나가게 되어 있다.

– 스티브 존슨

"한국인은 역시 밥심!"이라는 옛말이 있다. '밥심'이란 '밥을 먹고 내는 힘'이란 뜻이다. 즉 한국인은 밥을 먹고 힘을 내어 열심히 일을 하던 때가 있었다. 잘 먹지 못하고 가난하게 살던 때의 일이다. 그런데 우리는 아직도 "식사하셨습니까?"라고 인사를 건넨다. 그러나 우리 민족이 밥심만으로 살아온 것은 아니다. 가슴에 큰 꿈을 가진 사람들이 많았기 때문에 지금의 발전을 이룰 수 있었다. 그것은 숱한 어려움이 닥쳐도 극복해 내는 정신이었다. 오늘 끼니를 어떻게 때워야 할지 걱정해야 할 만큼 생활고를 겪어도 꿈이 있다면 비관하지 않고 꼭 실현할 수 있다.

꿈은 좌절하는 사람을 붙잡아 준다. 꿈에 이르기까지 쏟았던 피와 눈물, 땀, 시간들이 있었기에 세상이 부러워하는 눈부신 성공을 거머쥘 수 있는 것이다.

나 역시 농가의 장녀로 태어나 어린 시절 교사의 꿈을 품었다. 그 후 고등학교 때 담임선생님의 추천으로 유아교사가 되었다. 그리고 유치원을 운영하는 원장이 되었다. 그 당시 유치원 교사가 되는 것이 마음에 내키지 않았지만 특별히 잘하는 것이 없어서 떠밀리듯이 유치원 교사가 되었다. 내가 교사로 일할 때는 유치원이 많지 않았고 특히 마을마다 유아원이 많이 생기는 시점이었다. 유아원은 현재의 어린이집인데 많은 것들이 잘 갖추어지지 않은 구조였을 뿐 아니라 원장도 동네의 부녀회장이 맡았다. 많은 것들이 열악한 상황이었고 아이들을 교육한다기보다 보육하는 수준이었다.

하루하루 평온한 일상을 보내고 있을 즈음에 문득문득 나는 내 유치원을 운영하고 싶다는 꿈을 꾸기 시작했다. 그리고 그림을 그리듯이 마음속에 꿈을 그렸다. 1년 넘게 매일같이 상상하고 유치원을 지었다가 부수었다. 그러다 보니 유아원 일이 남다르게 보이기 시작했고 구석구석까지 애착이 생기기 시작했다. 그동안은 교사의 입장에서만 보던 것을 원장의 눈으로 보게 되었다. 저절로 원장의 신임은 두터워졌고 학부모들과 아이들에게 좋은 선생님으로 자리매김하게 되었다.

얼마 뒤 마법처럼 나에게 유치원을 운영할 기회가 찾아왔다. 내가 생각한 대로 이루어지는 짜릿한 순간이었다. 그때부터 나는 내가 원하는 모든 것이 있으면 상상하기 시작했다. 그러면 꼭 그렇게 이루어지는 순간을 맞이하는 경이로움을 경험한다. 이렇게 해서 유치원을 운영하기 시작했고 처음에는 초보 원장이라 시행착오도 많이 겪었다. 여러 상황들이 나를 힘들게 하기도 했지만 힘들 때마다 내가 원하는 모습을 상상했다.

몇 년 동안 유치원을 운영하자 아이들은 매년 늘어나고 학부모들은 나를 더욱 신뢰했다. 더 이상은 자리가 없어서 유치원을 옮겨야만 했다. 여기저기 유치원 자리를 알아보기를 수없이 했으나 오산 근처는 땅값이 너무 비싸서 땅을 살 수가 없었다. 그러던 중 아이들이 있는 곳이라면 어디라도 괜찮다는 생각으로 지금의 안중으로 유치원을 옮기게 되었다. 그 당시 안중은 유치원도 없고 인구수도 많지 않은 열악한 장소였다. 그럼에도 유치원을 지었기에 내심 불안한 마음이 들었다.

특히 아는 사람이 없는 완전히 낯선 곳이었다. 그런데 마침 내가 운영하고 있는 유치원 바로 옆의 식당 아주머니가 내가 오산에서 유치원을 운영했을 때의 차량 기사의 누나였다. 나는 구세주를 만난 듯 너무나 반가웠다. 그래서 마음으로 의지했고 밥을 먹으러 단골이 되어 드나들었다.

어느 날 식당에서 밥을 먹는데 식당 아주머니께서 나에게 안중 지역 유치원 원장들이 모여 식사를 했다고 말했다. 그러면서 내가 운영하는 유치원의 교육비가 너무 높아 금세 문을 닫을 것이라고 말했다고 한다. 나 또한 불안한 마음이 들었지만 열심히 하는 수밖에 없다고 생각했다. 그리고 3단계로 나누어 정성껏 유치원 프로그램을 만들었다.

1단계 : 우리 아이에게 날개를 달아 주세요

2단계 : 부모교육

3단계 : 유치원 오리엔테이션

1단계의 '우리 아이에게 날개를 달아 주세요'는 부모들과 아이들이 함께하는 즐거운 행사였다. 행사는 아이들과 부모들의 마음을 사로잡았다. 그때 많은 아이들과 학부모들이 유치원을 처음 방문했는데 오래전에 만난 것처럼 너무나 반갑고 즐거웠다. 학부모들은 원서접수는 언제 하느냐며 아우성이었다. 이때 원아모집을 할 수도 있었지만 마지막 3단계에서 원서를 받기로 했다.

2단계에서는 대형 부모교육을 열었다. 그때도 많은 부모들이 유치원에서 부모교육 강연을 들었다. 내가 부모교육을 준비한 것은 올바른 유아교육을 부모들에게 인식시키고 부모들의 마음을 사로잡기 위한 전략이었다. 이때 부모들의 눈빛에는 열의와 기대가 충만했다.

마지막 3단계는 유치원 프로그램을 소개하면서 원서 접수를 받는 하이라이트였다. 1~2단계는 3단계를 위한 서비스였다. 이렇게 준비하면서 '내가 너무 배짱을 부렸던 것은 아닌가!'라며 후회도 들었다. 왜냐하면 안중 지역으로 보았을 때 무리수였기 때문이었다. 그리고 지난번 식당 아주머니에게서 들은 이야기도 머릿속에 맴돌았다. 그러나 나는 아이들이 유치원 안으로 들어오는 상상을 멈추지 않았다. 설레고 긴장되는 마음으로 3단계의 날을 맞이했다.

그때를 나는 지금도 잊을 수 없다. 유치원 교육설명회를 듣기 위해 유치원 마당으로 학부모들이 몰려들었다. 강당에는 50명 남짓한 자리를 마련해 두었는데 300명이 넘는 학부모들이 가득 차 도저히 의자에 앉아서 교육설명회를 할 수 없었다. 그래서 학부모들에게 양해를 구하고 바닥에 앉아서 교육설명회를 진행했다. 나는 그때 너무 감격해서 눈물이 났다. 나는 온 힘을 다해 설명회를 마쳤고 바로 원아접수를 하지 않은 채 다음 날 오전부터 접수를 시작하겠다고 했다.

그런데 그날 오후 4시부터 유치원 앞마당에 진풍경이 벌어졌다. 다음 날 오전 9시 접수인데 학부모들이 전날 4시부터 줄을 서기 시작하는 것이었다. 이렇게 하지 않아도 된다고 돌려보내기도 했는데 집에 갔다가 밤을 새울 준비까지 하고서 다시 모여들기 시작했다. 다음 날 아침 5분 만에 원아모집을 마감했고, 접수하지 못한 학부모들은 아쉬움을 뒤로하고 돌아가야만 했다. 이렇게 유치원에 들어온 학부모와 아이들은 지금까지 나의 지지자가 되었다. 나 또한 그들에게 가졌던 처음의 마음을 지키려고 무던히 노력하며 살고 있다. 첫 회에 떨어져서 못 온 아이들은 다음 회에 다시 들어왔다. 이렇게 안중에서 유치원을 운영한 지 10년을 맞이하며 계속 꿈을 이루고 있다.

나는 아이들도 '꿈심'으로 살아갈 수 있도록 어린이의 꿈을 키우는 데 정성을 다하고 있다. 꿈을 꿀 수 있는 아이들은 세상을 품을 수 있고 세상으로 나아갈 수 있다. 우리 아이들의 소중한 꿈을 응원한다. 꿈은 분명 우리를 포기하지 않는다.

07

나는 오늘
행복해지기로 결정했다

인내하라, 경험하라, 조심하라, 그리고 희망을 가져라.

— 조지프 에디슨

　부모교육 강연을 진행할 때 "여러분은 창조물인 동시에 창조자 입니다. 지금 이 순간 기쁨도 창조할 수 있고 행복도 창조할 수 있습 니다. 우리가 원하는 모든 것을 창조할 수 있습니다. 오늘은 창조자 마인드로 갑니다."라고 말한다. 그러면 차갑고 냉랭했던 분위기가 금 세 부드러워지면서 학부모들이 마음을 여는 것을 실감한다.

　우리는 창조물인 동시에 창조자다. 목표를 세울 수 있고 목표한 모든 것들을 성취할 수도 있다. 또한 자신의 노력으로 성공과 실패 를 경험할 수 있다. 어떤 생각에 초점을 맞추느냐에 따라 인생은 달 라진다.

'구슬이 서 말이라도 꿰어야 보배'라는 속담이 있다. 아무리 좋은 미래의 비전과 전략이 있더라도 실천하지 않으면 소용이 없다는 뜻이다. 작은 일 하나라도 좋다. 어떤 무엇인가를 선택했다면 바로 시작해야 한다. 이 순간이 미래의 출발점이다. 그러니 지금 변화를 꿈꾼다면 바로 떠나자. 훗날의 멋진 미래만을 예측하며 머뭇거리고 있다면 눈부신 미래도 주춤거리고 있을 것이다. 세상의 모든 성공자들은 봇짐 하나 메고 길을 떠난 사람들이다. 스스로 길을 찾아 떠나 보자.

맥스웰 몰츠는《성공의 법칙》에서 이렇게 말했다.

"지금 이 순간 당신 안에는 이제까지 감히 꿈도 꾸지 못했던 일들을 해낼 힘이 있다. 하지만 그 힘을 꺼내 쓸 수 있는 것은 당신이 믿음을 바꾸는 그 순간부터다."

사람은 크게 미래를 예측만 하는 사람과 스스로 창조하는 사람으로 나뉜다. 예측만 하는 사람은 눈으로 보아야 믿지만 창조하는 사람은 믿으면 보이게 된다고 말한다. 진다고 생각하면 지는 것이고 도전할 수 없다고 생각하면 도전하지 못하는 것이다. 성공하고 싶지만 할 수 없다고 생각하면 분명히 성공하지 못한다. 모든 것은 내 마음속에서 이루어진다. 지금부터 자신의 믿음을 바꾸어 보자.

인간은 상상하는 모든 것을 창조할 수 있다. 그런데 이는 긍정적인 사고가 뒷받침되어야 가능하다. 긍정적인 사람들은 그렇게 될 수밖에 없는 모든 가능성을 열어 놓았다. 이들은 어떤 하나의 상황에서조차 자신이 원하는 좋은 점을 발견하지만 그렇지 않은 사람들은 안 되는 이유부터 찾기 바쁘다.

내가 초보 원장 때의 일이다. 그때는 내가 모든 것에 관여하고 내 손길이 가야만 일이 된다는 신념이 있었다. 그래서 교실에 들어가서 이것저것 간섭하고 내 마음에 차지 않으면 화를 내고 선생님들을 혼내기 일쑤였다. 그러다 보니 마음이 각박해지고 인색해지면서 융통성이 없는 원장이 되어 갔다.

교사들은 나의 말이 떨어지기 전까지 전혀 일을 하지 않았고 나의 명령만 기다리게 되었다. 도무지 창의성이라고는 눈 씻고 찾아볼 수 없었다. 유치원의 모든 행사며 프로그램은 아이디어 싸움이다. 그런데 교사들은 전혀 움직이지 않고 나만 쳐다보고 있었다.

힘이 들고 지칠 즈음에 몸이 아프기 시작했다. 급기야 병원에 입원하게 되어 한동안 자리를 비우게 되었다. 유치원 일이 마음에 쓰이기는 했지만 도저히 마음을 쓸 수 있는 상황이 아니었기 때문에 교사들에게 오롯이 맡겨야만 했다. 더군다나 유치원에서 가장 큰 행사인 발표회를 앞두고 있는 상황이었다. 그런데 내가 상상했던 것보다도 더 좋은 결과가 나왔다. 어쩌면 내가 지휘했던 때보다도 더 좋은 결과가 생겼다. 나는 이때부터 생각을 바꾸었다. 어떻게 하면 교사들을 움직이게 하고 더욱 기분 좋게 일을 하게 할지 고민했다. 교사들 역시 내가 믿음을 보내는 만큼 창의적이게 되었고 더 좋은 것을 창조하기 위해 애썼다. 아픈 만큼 성숙해진다. 아프고 나서부터 나는 창조적 마인드로 세상을 바라보았고 스스로 창조자가 되었다. 더불어 좋은 것들이 자석처럼 따라왔고, 그것에 어울리는 것들이 내 삶 안으로 들어오는 경이로움을 경험했다. 유치원 또한 어느 누구도 흉내 낼 수 없는 자율적이고 창조적인 곳이 되었다. 아주 조금 바꾸었는데도 아주 많이 얻은 것이다.

세상은 빠르게 변화하고 있다. 미래학자들은 '앞으로의 우리 삶이 이렇게 바뀔 것이다'라고 예측하고 있다. 미래학자 최윤식은 《2030 대담한 도전》에서 "지금 우리는 과거의 생각과 미래의 생각이 충돌하고 과거의 전략과 미래의 전략이 충돌하는 위기의 시대를 지나고 있다. 판이 바뀌는 큰 변화가 진행되고 있다. 산업혁명 이후 형성된 기존 산업의 경계가 무너지고, 업의 본질이 파괴되고, 새로운 산업의 경계가 그어질 것이다. 위기 속에서 대업을 이루려면 변화를 주도할 수 있는 정교한 미래 전략을 수립하고 대담한 도전을 해야 한다. 위험하고 불확실하다고 움츠리는 개인, 기업, 나라에는 기회가 없다. 패러다임 전환기에는 주저할수록 몰락의 속도가 가속화될 뿐이다. 경쟁자도 달라질 것이다."라고 말했다.

최윤식의 말처럼 주저할수록 몰락의 속도가 빨라진다. 그러니 도전을 게을리해서는 안 된다. 분명한 목표를 세우고 집요하게 매달리면서 열망해 보자. 일단 결정했다면 그 결정을 밀고 나가라. 그 결정이 한계를 지어 줄 것이다.

《이상한 나라의 앨리스》에서는 "내 기분은 내가 정해. 오늘 나는 행복으로 할래!"라고 말한다. 행복하기로 결정하는 것이다. 이렇게 결정하고 나면 행복해질 수밖에 없는 행동들로 판이 바뀐다. 그러니 행복할 수밖에 없는 것이다. 내 책상 위에는 행동하게 하는 마법 주문이 걸려 있다.

첫째, 즉시 하라.

둘째, 긍정적인 생각으로 부정적인 생각을 덮어라.

셋째, 무조건 되게 하라.

넷째, 냉철하게 솔직하라.

나는 매일같이 이 마법 같은 주문에 나의 삶을 맡긴다. 그러면 꾸물거리다가도 즉시 실행하게 된다.

성공한 사람들은 어떻게 그 많은 꿈을 이루었는지 빅 존슨은 《13+1의 기적》에서 13가지 비밀과 1가지 원칙을 통해 알려 준다. 나는 이 책을 수십 번 읽었다. 어떤 꿈을 꾸든 그 꿈은 현실이 될 수 있다. 이 책에서 말하는 마지막 1원칙은 주저하지 말고 "자, 지금 시작하라."는 것이다. 미래를 예측만 하면서 까치발로 살고 싶지 않다면 지금 시작하자. 이것이 우리 앞에 놓여 있는 선택이다.

만약 아직도 스스로 행복해질 수 없다고 생각한다면 나의 휴대전화 연락처인 010.5351.3557번으로 '저도 저만의 인생 마법 주문을 만들고 싶어요!'라고 보내 보라. 즉시 인생을 변화시킬 수 있는 절대 원칙을 배울 수 있을 것이다.

08

용기란 끊임없이 시도하는 것이다

겼을 때 당신은 패배한 것이 아니라
당신이 그만둘 때 당신은 패배한 것이다.

— 파울로 코엘료

민수는 엄청난 개구쟁이로 소문이 난 아이다. 친구와의 문제도 많아 다른 친구들의 부모로부터 항의도 많이 받았다. 가만있는 아이를 때리지는 않지만 싸움이 잦았다. 그리고 언제나 민수만의 타당한 이유가 있었다.

"원장님, 민수 좀 어떻게 해 주세요."

오늘도 어김없이 담임 교사는 민수를 데리고 교무실로 왔다. 이유를 들어 보니 민수가 화가 날만도 했다. 아직 친구와 대화하는 방법을 모를 뿐이었다.

민수는 곤충과 자연에 대한 관심이 남달랐다. 자연 수업을 할 때면 백과사전이라 할 만큼 많은 것을 알고 있었다. 그런데 유독 체육활동을 싫어했다. 그런데 어느 날 이상하다 싶을 정도로 뜀틀에 관심을 보였다. 아직 체육활동에 익숙하지 않은 탓인지 뜀틀을 넘는 모습이 서투르고 잘 넘지 못했다. 그에 비해 친구들은 훌훌 가뿐하게 잘 넘었다. 그것을 본 민수의 눈은 불타는 듯했고, 무척 상기된 모습이었다. 그러더니 또다시 뜀틀을 넘겠다며 몇 번이고 다시 시도했지만 잘되지 않았다. 이제는 포기할 만도 하고 다른 수업을 해야 하니 가자고 해도 계속 해 보겠다고 했다. 이제 그만하고 내일 하자고 하자 민수는 주먹을 불끈 쥐고 내일은 꼭 넘겠다는 의지를 불태웠다.

그리고 한참이 지난 뒤 강당을 둘러보다가 민수를 발견했다. 며칠 전 뜀틀 3단을 겨우 넘던 민수가 드디어 11단을 넘고 있었다. 곧 12단에 도전한다는 말까지 했다. 나는 민수와 손뼉을 마주치며 엄지손가락을 올려 주었다. 민수는 자신이 자랑스럽다는 표정이었다. 그리고 "원장님 저 11단 넘을 때 마음이 콩콩거려요."라고 말하며 또다시 나에게 12단을 훌쩍 넘는 모습을 보여 줄 양으로 힘차게 발을 내디뎠다.

대부분의 아이들은 이런 상황이면 넘지 못할 것이 두려워서 아예 뜀틀을 뛰지 않겠다고 자리에 앉아 있는다. 그때 나는 이 어린아이가 뜀틀을 꼭 넘고야 말겠다는 굳은 의지를 보이는 모습에 뜨거

워질 정도로 가슴이 뛰었다.

"선생님, 이 숲 프로그램 어때요?"

"아이들한테 좋기는 한 것 같은데……."

"그렇죠? 아이들이 행복해할 것 같지? 수업하면서 선생님들도 행복했으면 좋겠어!"

"저희는 원장님 안목을 믿어요."

이럴 때 교사들의 반응은 좋을 리 없다. 안 하던 프로그램을 하자면 일단 귀찮을 수 있기 때문이다. 그래서 원장들이 교육을 받은 뒤 새로운 프로그램을 교사들에게 적용하라고 하면 많은 교사들이 싫어한다. 그 때문인지 유치원 교사들은 원장들이 교육을 받으러 다니는 것을 싫어한다고들 한다.

다행히 우리 유치원 교사들은 공부하는 것을 좋아해서 내가 어떤 프로그램을 소개해도 긍정적으로 응대하고 적용해 보려고 노력한다. 나는 새로운 프로그램을 적용할 때 아이들 발달에 적합한가를 따진다. 그리고 아이들이 재미있고 기쁘게 몰입할 수 있는지, 교사들이 지도할 때 행복할 수 있을지를 염두에 두고 프로그램을 시도한다. 그러면 거의 실패할 확률이 없다.

세상을 살아가면서 실패를 두려워하지 않는 사람은 없다. 나조차도 유치원을 운영하면서 새로운 프로그램을 적용할 때는 힘들다.

지금 이 상태에 만족하며 안정된 생활을 유지하고 싶을 때도 있다. 그러나 편안하고 안정된 이 시점이 바로 변화를 시도해야 할 때라는 것을 알아차린다.

내가 운영하는 유치원이 학부모들로부터 신뢰를 받는 이유 중 하나는 한결같다는 것이다. 아이들이 행복하게 잘 자랄 수 있도록 끊임없이 변화를 추구하고 노력하고 있다. 세상은 변화하고 있다. 그 옛날 내가 성공했던 그 방법을 놓지 못하고 고집한다면 세상의 변화에서 밀려나는 것은 불을 보듯 뻔하다. 나이가 점점 들수록 변화를 싫어하고 안주하려고 하는 마음이 크다. 더군다나 과거에 성공했던 경험이 있다면 더욱 그렇다. 그러나 이럴 때일수록 변화하고자 하는 용기가 필요하다. 실패가 두려워서 시도조차 하지 않는 것이야말로 실수다.

"여보, 당신은 혼자 사막에 갖다 놓아도 아마 성공할 거예요."

나의 남편 또한 계속 도전하는 삶을 사는 사람이다. 한곳에 머무르지 않고 평범한 일상조차 다르게 보려고 노력한다. 그리고 다른 것과 연결하려는 시도를 끊임없이 한다. 가끔은 이런 남편이 귀찮기도 하고 불편하기도 하지만 그만의 장점인 것 같아 좋다.

'용기'란 두려워하지 않는 것이 아니라 두려움에도 불구하고 끊

CHAPTER 2_ 인생에 선택당하지 말고 인생을 선택하라

임없이 시도하는 것이다. 남편은 편안한 것을 포기라도 한 듯이 계속 시도하고 실패하고 또 시도하는 변화무쌍한 사람이다. 실패했다고 멈추지 않으며 또다시 도전한다. 더군다나 실패를 즐기기라도 하는 듯 실패에서 많은 것을 배운다. 이렇게 많은 시도와 실패는 삶의 경험이 되고 그 경험은 어느 자리에서나 빛을 발한다. 그러다 보니 내공이 쌓여 삶이 더욱 튼튼해졌다. 자신감 또한 상승해 놀라운 기회도 많이 생긴다. 그래서 새롭고 늘 매력적이라고 이야기해 준다.

내 남편이야말로 진정 성공한 사람이라고 생각한다. 자신의 인생에 최선을 다하고 세상을 다른 시각으로 보면서 끊임없이 실험하고 또 실패하기도 하면서 자신의 나아갈 길을 스스로 설계하기 때문이다.

무한 경쟁시대에 100년이 넘도록 잘 유지되고 있는 장수 기업들을 보자. 그들은 끊임없이 새롭게 시도하고 치밀한 전략을 세운다. 아마도 실패가 두려워서 시도하지 않았다면 그저 그런 기업으로 잠시 존재하다가 사라졌을 것이다.

일본의 도요타 자동차 회사 역시 대부분의 기업들이 사업의 규모가 커짐에 따라 비만증에 시달릴 때 한결같은 민첩성을 유지하는 것으로 유명하다. 다른 기업들이 극적인 혁신이나 기막힌 묘수를 찾는 동안 도요타는 아주 작은 일들을 신속하게 개선해 나가고 있는 것이다.

미국 경영평론가인 톰 피터스는 한국의 CEO들에게 경영의 핵심은 '끊임없는 변화와 혁신'이라고 말했다. 아시아 36억 인구가 실리콘밸리 수준의 기술력에 도달하는 데 걸리는 시간은 미국이 달성한 시간의 10분의 1이면 충분하다고 한다.

성공은 끊임없이 도전하는 사람에게 다가온다. 끊임없이 두드리면 문은 열리게 되어 있다. 늘 시작이 중요하다. 실패의 두려움을 극복하고 행동으로 옮기는 순간 또 다른 기회와 가능성이 열린다. 능력이 아무리 뛰어나더라도 스스로 자극하지 않고 그 자리에 머무른다면 그저 평범해질 뿐이다. 스스로에게 끊임없이 동기부여를 하면서 열정을 가져 보자. 그러면 우연도 기회가 될 것이며 어느새 성공은 가까이 다가와 있을 것이다.

09

당당하게
자신을 고용하라

당신이 하기를 두려워하고 있는 것을 하라.
그렇게 하면 그 두려움이 사라지는 것은 확실하다.

– 랠프 월도 에머슨

얼마 전 탤런트 전원주는 방송 프로그램에 나와 "가정부 역밖에 하지 못했다."라고 말하면서 서러워했다. 그때 함께 출연한 송해는 그녀에게 "전원주니까 할 수 있는 거다. 당당하게 행복해라."라고 조언했다. 이 말을 듣는 내내 가슴이 먹먹하고 뭉클했다. 물론 연기자뿐만 아니라 누구나 주인공이 되기를 원한다. 아마도 전원주는 가정부는 낮은 자리라는 편견과 함께 자기 자신이 예쁘지 않아서 늘 가정부 역할을 도맡아 했다고 생각한 모양이다. 그러나 가정부도 주인공이 될 수 있다는 사실을 우리는 간과해서는 안 된다. 중견 배우 김수미 역시 철저하게 자기관리를 한 덕분에 만년 조연에서 벗어나 지금까지 현역에서 주인공으로 활약하고 있다.

요즘 대한민국에서는 1인 기업의 전성시대인 듯 창업 열풍이 대단하다. 이것은 이제 더 이상 기업이나 회사가 평생 현역을 보장해 주지 않는다는 것을 보여 주는 현상이다. 나이 50세 정도가 되면 낙엽 떨어지듯이 직장을 떠나야 하는 피하고 싶은 현실을 마주한다. 더군다나 청년 실업은 날로 증가하고 있고 취업을 했다고 하더라도 구조조정의 칼날에 휘둘리는 것이 요즘의 현실이다.

내 친구만 보더라도 대기업에서 나와 그동안 자신이 쌓아 온 노하우와 지식을 사업화하는 준비를 하고 있다. 안타까움과 안쓰러움으로 바라보지만 그것도 잠시다. 이러한 상황은 기대수명이 늘어난 지금과 같은 시대에는 누구에게라도 있을 수 있는 일이기 때문이다. 젊은이들조차도 아예 직장에 들어가지 않고 1인 기업으로 출발하려는 이가 점점 많아지고 있다. 이는 평생직장의 패러다임이 평생직업으로 바뀌고 있다는 것이다.

나 역시 유치원을 운영하고 있지만 이런 이들과 다르지 않다. 남들은 평생 현역으로 일할 수 있지 않느냐고 이야기할 수도 있다. 그러나 현실은 그렇지 않다. 자기 유치원을 운영하면서 무슨 배부른 소리냐고 할 수 있지만 때가 되면 내려와야 한다. 그것이 모두에 대한 예의다. 그래서 나는 나의 정년을 55세로 정했다. 예전부터 55세가 되면 현역에서 물러날 계획을 세우고 있었다. 물론 이러한 생각에는 상당한 불안함과 두려움이 따른다. 왜냐하면 그때가 되면 더 이상 내 이름 앞에 소속이나 직함이 붙지 않을 수도 있어 상실감 또한 크리라고 생각하기 때문이다. 그러나 용기를 낼 것이다.

나는 제2의 직업으로 1인 기업을 꿈꾼다. 나 스스로를 내가 고용해 그동안 되고 싶고 하고 싶었던 것을 이룰 수 있는 기회로 삼을 것이다. 유치원을 그만두고 완전히 새로운 일을 하는 것이 아니라 내가 쌓아 온 노하우와 전문성 등을 바탕으로 평생 현역을 준비하는 것이다.

첫출발로 내 이름으로 된 책을 펴내 나 스스로를 고용하고 브랜드화하기 시작했다. 놀랍게도 아직 은퇴한 것도 아닌데 많은 곳에서 강연 요청이 줄을 이었고 내가 원하는 제2의 소망도 이루게 되었다. 이젠 인터넷을 직장 삼아 SNS를 통해 컨설팅, 부모교육 등 다양한 사업으로 확장하고 있다. 그러기 위해서 스피치를 꾸준히 연습하고 있고 나만의 스토리를 개발하고 있다. 적어도 하루에 3시간은 자기계발과 건강관리에 주력하고 있다. 특히 치열한 독서를 통해 스스로를 단련하면서 꿈을 책으로 엮고 있다. 이러한 것들은 모두 엄청난 인프라가 될 것이며 미래의 자산이 될 것이 분명하다.

나는 이 모든 것들을 유치원 안에서 이루고 있다. 1인 기업을 한다고 해서 내가 하고 있는 일과 동떨어져 생각할 필요가 없다. 1인 기업도 지금 있는 곳에서 운영이 가능하다. 그러니 현재 하고 있는 일에 최선을 다해 정진해 보자. 그러면 선명하게 보인다. 1인 기업도 기업이다. 나 스스로 철저하지 않다면 1인 기업으로 독립한다 하더라도 불을 보듯 뻔한 결과가 이어질 것이다. 1인 기업의 첫 번째 고객은 바로 자신임을 잊지 말아야 한다. 많은 것들은 인풋 한 대로 아웃풋 된다. 그러니 자신의 일터를 놀이터인 동시에 꿈터로 만들어 보자.

윤석일은 자신의 저서 《1인 기업이 갑이다》에서 1인 기업이 매력적인 이유가 "자기 시간을 의지대로 조절하고, 하고 싶은 일을 하는 결정권을 가지고 있기 때문이고 남의 지시가 아니라 자신의 로드맵에 따라 삶을 디자인함으로써 즐겁고 신나는 인생을 살 수 있기 때문"이라고 했다. 또한 "1인 기업가는 결코 남들의 눈치를 보거나 다른 사람의 페이스에 휘말리지 않는다. 오히려 꿋꿋하게 자기 발자국을 남기면서 뚜벅뚜벅 나아가고 자신만의 새로운 길을 만들면서 자신의 운명을 바꾸는 자기혁명을 하는 사람"이라고 말했다. 이처럼 1인 기업가는 자신의 경험과 지적 노하우를 자산으로 삼아 사업화하는 사람을 말한다.

내가 1인 기업을 꿈꾼 것처럼 친구 영수 또한 대기업을 나와서 농사로 1인 기업의 소망을 이루었다. 농사는 이제 1차 산업이 아니라 6차 산업으로 각광 받고 있다. 6차 산업은 1차 산업인 농업, 임업, 수산업과 2차 산업인 제조업, 그리고 3차 산업인 서비스업이 복합된 산업을 말한다. 즉 1차 산업인 어업, 2차 산업인 해산물 가공, 3차 산업인 식당을 모두 한 주체가 실현하는 것이 6차 산업에 해당

하는 것이다. 정부에서도 2002년부터 녹색 농촌 체험마을을 선정해 지원하고 있지만 박근혜 정부는 6차 산업을 국정 과제로 채택하기도 했다. 이러한 6차 산업의 부흥을 타고 영수 역시 평택지역에 없던 블루베리를 심고 품종 개량을 연구할 뿐 아니라 많은 농업인들이 함께할 수 있도록 블루베리 사업을 확장했다. 그래서 부농의 꿈을 이루었음에도 끊임없이 새로운 작물을 심고 연구하고 있다. 현재는 열대과일인 패션푸르츠를 심고 연구를 거듭하는 중이다.

스스로 자신을 고용해서 어떤 일을 할지 스스로 결정하고 남을 돕는 일에도 선뜻 나서며 함께 잘살도록 돕는 친구가 참 멋지고 자랑스럽다. 이렇게 영수뿐만이 아니라 많은 청년들 또한 1인 기업가로 나서고 있다. 아마도 앞으로의 일자리는 이렇게 1인 지식기업에서 만들어질 것이라고 본다.

세계적인 경영 컨설턴트인 찰스 핸디의 저서 《코끼리와 벼룩》에서는 대기업을 코끼리에 비유하고, 프리랜서나 1인 기업가로 활동하는 개인을 벼룩에 비유했다. 대기업인 코끼리는 방향과 목표를 읽어낼 수 있는 능력과 조직이 있지만, 벼룩인 1인 기업가는 스스로 방향을 잡지 않으면 이리저리 흘러가는 대로 살 수밖에 없다고 했다. 또한 코끼리들은 더 이상 구성원들의 평생 고용을 책임져 주지 못하므로 코끼리로부터 벗어나 벼룩처럼 혼자 힘으로 살아가라고 말한다. 1인 기업가인 벼룩은 조직에 몸담고 있을 때보다 더 치열하게 생각하고 움직여야 한다.

1인 기업가가 된다는 것은 새로운 길을 가야 한다는 것이다. 이 길은 오로지 자신만의 길이며 혼자 가야 한다. 사막이 평탄한 길이 될 거라고 기대하는가 물론 가슴이 떨리고 벅차오를 수 있으며 희망으로 가득한 블루오션이 펼쳐진 듯이 보일 수 있다. 그러나 1인 기업가의 시작은 지금 하는 일에서 최고 전문가가 되는 것은 물론이고 자신만의 브랜드 파워가 있어야만 가능하다. 스스로를 전문가로 고용해야 할 때다.

CHAPTER 3

내 인생에
나를 캐스팅하라

01

인생의
마중물을 부어라

우리는 감탄과 희망과 사랑으로 산다.

– 워즈워스

요즘 TV 프로그램을 보면 패러디가 유행이다. 개그맨들은 유명한 사람들을 따라 하면서 웃기기도 한다. 그러면서 자신의 입지를 굳히는 것이다. 어느 방송 인터뷰에서 진행자가 김구라에게 김형곤과 닮았으니 그분을 모델로 개그를 하는 게 어떻겠냐고 물었다. 그러자 김구라는 "내가 왜 김형곤입니까? 나는 김구라입니다."라고 자신 있게 말하는 것을 본 적이 있다.

사람들은 그의 인상이 김형곤과 흡사해서 속으로 '제2의 김형곤이 되겠네'라며 김형곤에게 묻어 갈 것이라고 생각하고 있었다. 더욱이 그때는 그가 신인이었기 때문에 인터뷰어의 말에 동의했을 것이다. 그러나 김구라는 단호한 거절로 자신을 새롭게 각인시켰다. 현재는 김구라답게 예능이면 예능, 시사면 시사 프로그램에서 맹활약하고 있다.

　유치원에서 부모교육을 진행했을 때의 일이다. 엄마들에게 색상지와 유리컵, 팔레트를 주고 아이의 색깔을 만들어 보자고 했다. 그러면 엄마들은 내 아이의 색깔을 만드느라 공을 들이며 집중한다. 이때 나는 엄마의 섬세함과 양육 태도 등을 관찰한다.

　"어머님과 가장 닮은 색상지를 하나 들어서 책상 위에 올려놓으세요. 그리고 우리 아이와 가장 닮은 색을 만들어서 유리잔에 부어 주세요. 그리고 어머니 색상지 위에 올려놓으세요."

　그러고 난 다음에 보면 여러 유형의 엄마들이 나온다. 미경이 엄마는 연노랑색, 수진이 엄마는 핑크색, 지인이 엄마는 연보라색을 선택한다. 각자 자기 아이의 색깔을 만들고 있는 것이다. 그런데 유독 영희 엄마는 자신의 아이 색깔을 찾지 못하고 이 색 저 색 함께 뒤섞어서 혼탁하게 만들어 놓고 울상을 짓는다. 엄마가 아이의 색을 다 만들었다면 고른 색상지 위에 컵을 올려놓게 한다.

　"어머님, 미경이의 색은 예쁜 연노랑색입니다. 이 색이 우리 미경이의 보석이죠. 그런데 엄마 마음에 들지 않는다고 지인이의 색과 수진이의 색을 부러워하며 함께 넣는다면 어떻게 될까요?"

이때 많은 엄마들은 숙연해지면서 반성하는 모습을 보인다. 내 아이의 색에 다른 아이의 색을 부으면 혼탁해지는 것은 당연하다.

나는 "어머님, 꼭 우리 아이의 색을 기억하세요. 그리고 그 색이 아름답게 빛나도록 받침이 되어 주세요."라고 당부한다. 아이들뿐만이 아니라 어른도 마찬가지다. 사람들마다 분명 자신만의 고유한 색을 가지고 있다. 그 색깔을 유지하고 있을 때 가장 아름다운 것이다.

나는 부모교육 명강사가 되겠다는 꿈을 가지고 있다. 이 꿈을 실현시키기 위해 초보 원장 시절부터 스피치와 파워포인트를 배웠다. 특히 잘나가는 명강사들의 테이프는 닳을 정도로 들었고 동영상을 보면서 제스처, 눈빛, 말투 등을 따라 했다.

특히 말을 맛깔나게 하고 유머러스하게 청중을 쥐락펴락하는 강사들을 보면 너무나 부럽기도 해서 따라 해 보고 싶다는 생각을 했다. 그래서 따라해 보면 마음대로 되지 않아 심한 좌절감까지 맛보았다. 그러다 보니 청중 앞에 서는 것이 공포로 다가왔고 두려움이 앞섰다. 이렇게 어설프게 남을 흉내 내다 보니 내가 가지고 있던 작은 열정까지도 다 잃어버리는 꼴이 되었다. 물론 앞서 성공한 사람들을 롤모델로 해서 눈빛, 말투 등을 복사하는 것이 성공으로 가는 가장 빠른 길이라고 말할 수도 있다. 하지만 자신만의 색을 유지할 때 가장 화려하게 빛날 수 있다. 그 후로는 조금 부족해 보여도 내 색깔을 유지하며 강연을 진행했다. 그러자 반응이 예전과는 달랐다. 나는 조금씩 용기를 내어 가짜보다는 진짜 보석이 되어 세상 밖으로 나오기 시작했다.

그라시안은 이렇게 말했다.

"어떤 상황이 닥쳐도 자신감을 잃지 마라. 자신감은 그대를 더욱 당당하게 만들 것이다."

현대 성공학의 대가이며 자기계발서의 창시자 나폴레온 힐은 "자신감이 있는 사람은 산도 옮길 수 있다. 자신이 성공할 것이라 믿는 순간 당신은 이미 성공의 첫발을 내디딘 것이다."라고 말했다. 이렇듯 자신감은 성공의 키워드다.

인생을 살아가는 데 있어 자신감과 열정이 있다면 무엇이든지 해낼 수 있다. 자신감이 만들지 못할 기적은 없다. 자신감은 펌프질을 할 때의 물 한 바가지, 즉 마중물인 셈이다. 이는 곧 자기 자신을 신뢰한다는 뜻이기도 하다.

어린 시절 우리 집 앞마당에는 포도나무와 배나무, 그리고 샘이 있었다. 엄마가 물을 떠 오라고 하면 빈 펌프에 물 한 바가지를 붓고 힘차게 펌프질을 했다. 그러면 시원하게 물이 쏟아졌다. 지금 어른이 되어서 생각해 보니 펌프에 쏟아부은 물 한 바가지가 물을 나오게 하는 중요한 마중물이라는 사실을 깨달았다.

나도 자신감이 없어서 애태우던 때가 많았다. 성인이 되어서도 소극적인 성격으로 인해 한탄만 하던 때가 많았다. 누군가가 물 한 바가지 부어 주기를 바랐는데 그 누군가가 아버지이기를 원했다. 그런데 그렇게 해 주지 않은 아버지를 원망하며 많은 시간을 보냈다. 그럼에도 내 마음속에 꿈틀거리는 무언가가 있음을 직감했다. 그냥 무작정이라도 한발 내디디기만 하면 될 것 같은 생각이 나를 몰아쳤다. 이후 스스로 물 한 바가지를 나에게 부어 열등감을 떼어 버렸다. 그러곤 내 마음속에 도깨비 같은 힘이 있다는 사실을 직감적으로 알아차렸다.

수많은 성공자들은 대부분 독서광이다. 아마도 성공한 사람들에게서 노하우를 배우는 것이 가장 빠른 성공 비결이기 때문일 것이다. 나 또한 스스로 기준을 높이고 생각의 수준을 높이기 위해 독서를 게을리하지 않았다. 동시에 내가 도달할 수 있는 지점이 높아져 있음을 실감했다. 그래서 특히 자기계발서, 성공학을 다룬 책들을 많이 읽는다. 내 주변의 사람들은 다 똑같은 자기계발서를 왜 읽느냐고, 시간 낭비라고 말한다. 사실 내용은 비슷비슷하다. 그런데 나는 자기계발서를 읽으면서 동기부여를 받고 힘을 얻는다. 그래서 주기적으로 자기계발서를 읽는 것을 게을리하지 않는다. 이것이 나에게는 마중물인 셈이다.

나는 나를 닮고 싶어 하는 사람들이 많아질 세상을 꿈꾼다. 그러기 위해서 배우는 것을 멈추지 않는다. 성공하고 싶다면 공부해야 한다. 그러면 다른 사람들이 보지 못하는 새로운 관점을 가지게 된다. 그냥 그 자리에 머물러 있다면 빛나는 내일을 맞이할 수 없다. 그러니 끊임없이 스스로를 자극하고 동기부여를 하라. 그래야 자기 자신을 뛰어넘을 수 있다. 끊임없이 배우는 자세를 잃지 않기를 바란다. 날개가 있어도 날지 못하는 실수를 범하지 말고 독수리처럼 화려한 비상을 꿈꾸어 보자. 성공은 절대로 우연히 오지 않는다. 스스로 가진 능력을 최대한 끌어올려야 속 시원한 물이 콸콸 쏟아질 것이다.

내 인생에
나를 캐스팅하라

자기 자신을 아는 것은 참된 진보다.

– 안데르센

나는 대학교에서 시험을 보기 전에 학생들에게 점수를 얼마만큼
받고 싶은지 꼭 묻는다. 그럴 때 학생들이 써낸 자기 점수는 형편없
이 낮다. 그래서 한번은 자신들이 써낸 점수만큼 점수를 주었다. 이
렇게 하자 학생들은 말을 잇지 못하고 아쉬워했다. 내가 이렇게 한
이유는 자신의 믿음에 대한 확신을 갖고 있어야 믿음대로 이루어진
다는 것을 보여 주기 위함이었다. 또한 그 믿음과 확신으로 자기 삶
을 주도적으로 살기를 바랐다. 내가 이렇게 학생들이 써낸 점수를
그대로 준다고 성의 없다고 생각할 수 있다. 그러나 학생들이 써낸
점수는 시험 점수랑 별다르지 않다. 어쩌면 더 정확했다. 어떤 학생
은 이럴 줄 알았으면 더 높은 점수를 써낼 걸하며 아쉬움을 토로한

다. 나는 이런 모습을 보면서 자기 자신에 대한 학생들의 신뢰와 자존감이 낮음을 알 수 있었다. 이렇게 아쉬움이 많은 학생들은 삶에 있어서도 아쉬운 삶을 살 것이다.

희곡 작가 버나드 쇼의 비문에는 "우물쭈물 살다가 내 끝내 이렇게 될 줄 알았지."라고 쓰여 있다. 우리의 삶도 마찬가지다. 자기 삶에 확신을 가지지 못하고 아쉬워하며 우물쭈물하다가는 꼭 그렇게 될 것이다.

셰익스피어는 "세상의 모든 것은 하나의 무대이고 모든 남녀는 배우다. 그들은 입장하고 퇴장하며 각자 자신에게 부여된 시간 내에 맡은 역할을 수행한다."라고 했다. 이것이 곧 인생인 것이다. 그래서 어떤 형태로든 연극에 참여하고 여러 가지 무대를 만든다. 그런데 많은 사람들은 주인공으로만 살기를 원한다. 물론 누구나 마땅히 자신이 인생의 주인공으로 살아야 한다. 이렇게 주인공이 되는 것은 각본이 그렇게 되었을 때 가능하다. 따라서 우리는 각본을 쓰는 사람이다. 그러니 어떤 각본을 써서 나를 어떤 역할에 캐스팅할 것인지 제대로 된 각본을 써야 한다.

에릭 번은 인생 드라마는 출생부터 시작된다고 말했다. 성장함에 따라 영웅이나 주인공, 악인, 희생자, 구조자의 역할들을 배운다. 그런데 자기 삶이 주도적이지 않으면 그 각본에 맞는 역할과 사람을 무의식적으로 찾게 된다. 이때 드라마 양상에 따라 나에게 맡겨진 역할의 각본을 수행한다. 그러면서 인생 드라마는 펼쳐지는 것이다. 시대가 변함에 따라 각본에는 새로운 주제들이 나타난다. 교육을 받고, 돈을 벌고, 성공을 하고 즐거움을 찾으면서 삶의 의미를 찾는다. 그러니 이왕이면 인생의 무대에 당당하게 주인공으로 캐스팅되는 각본을 써야 한다. 혹여 각본이 잘못 쓰였다면 수정할 수도 있다. 그러니 자신에게 맞는 멋진 각본을 써 보자.

나는 부모교육을 할 때 '나의 연극'이란 주제로 워크숍을 한다.

1. 연극의 제목은 무엇입니까? 배경 음악은 무엇입니까?
2. 연극의 종류는 희극입니까? 비극, 평범입니까?
3. 첫 장면에는 누가 있습니까? 그분의 표정은 어떻습니까? 자신의 느낌은 어떻습니까? 또한 기억나는 말은 무엇입니까?
4. 현재의 장면을 이야기해 주세요.
5. 10년 후 또는 그 후의 모습은 어떤가요?
6. 몇 세에 죽음의 장면에 맞닥뜨립니까? 거기에는 누가 있나요? 그들은 무슨 말을 합니까? 또한 그들의 표정은 어떻습니까?
7. 비문에 남기고 싶은 글이 있다면 적어 주세요.

워크숍을 마치고 나면 학부모들은 그동안 자신의 삶을 반추하며 앞으로 어떻게 살아야 할지 고민한다. 수정이 엄마는 상큼한 로

맨스의 주인공으로, 민지 엄마는 로맨틱 코미디의 주인공으로, 또 영민이 엄마는 슬픈 비련의 주인공으로 등장했다. 각양각색의 멋진 작품들이다. 비문에 남기고 싶은 글 역시 자기 삶의 지표이자 어떻게 살아가고 있는지, 살아가야 할지를 한눈에 보여 주었다. 그런데 워크숍에 참석했던 민기 엄마는 갑자기 통곡하듯이 울어 모든 사람들을 깜짝 놀라게 했다. 민기 엄마는 자신의 인생이 너무 비관적이고 부정적이며 자기 삶에서 자신이 어디에 있는지 모르겠다는 것이었다. 나는 그때 "어머님, 아직 연극이 끝나지 않았어요. 어머님이 원하시는 각본대로 수정하세요."라고 각본을 고쳐 쓸 것을 권유했다. 모인 엄마들은 서로 포옹하면서 워크숍을 마무리했다.

긍정적인 각본을 쓰지 못했다고 한탄할 일이 아니다. 지금 바꾸면 되는 것이다. 또한 미래의 주인공으로 살기 위해 주인공이 되는 연습을 꾸준히 해야 한다. 미래의 역할은 내가 무엇을 생각하고 무엇을 하고 있느냐에 따라 달라지기 때문이다. 나의 미래는 미래가 결정짓는 것이 아니라 오늘이 결정짓는다는 것을 기억하자.

모든 인생 드라마는 그 속을 꿰뚫는 주제를 가지고 있다. 이런 주제와 역할들은 인생 드라마를 지속시킨다. 이왕이면 이러한 주제들을 놓치고 싶지 않은 꿈으로 가득 채우기를 바란다. 꿈이 없는 사람은 현재에도 불행한 각본이지만 미래에도 역시 비극적이고 불행한 각본을 쓸 수밖에 없다. 그러니 먼저 꿈꾸는 일부터 하라. 지금도 늦지 않았다.

여왕의 주인공이 되라는 오프라 윈프리의 졸업식 연설을 소개한다. 오프라 윈프리는 1993년 스펠먼 여자대학 졸업식 연설에서 많은 사람들로부터 뜨거운 박수갈채를 받았다.

"여러분 여왕이 되십시오. 용감하게 평범을 넘어서야 합니다. 개척자가 되십시오. 지도자가 되십시오. 어떤 고통이 닥쳐도 삶을 껴안을 줄 알고 두려움 없이 도전할 수 있는 사람이 되십시오. 진실을 찾는 사람이 되십시오. 사랑하는 마음으로 자신을 지배하는 사람이 되십시오. 여왕이 되십시오. 부드러운 여자가 되십시오. 계속 새로운 아이디어를 낳고 여자임을 기뻐할 줄 아는 여자가 되십시오. 여러분이 평범한 여자가 되어 시간을 낭비하지 않도록 기도드리겠습니다. 우리는 하나님의 딸들입니다. 온 세상 사람들과 사랑하는 사람들에게 사랑하는 법을 가르쳐 주기 위해 이 세상에 왔습니다. 과거에 무슨 일이 있었는지는 아무런 문제가 되지 않습니다. 그런 것들은 전혀 상관없습니다. 문제는 여러분이 어떤 사랑을 선택할 것인지, 직장이든 가정이든 여러분이 세상에 공헌하고자 하는 분야에서 어떻게 그 사랑을 표현할 것인지 아는 것입니다. 여왕이 되십시오."

과거 오프라 윈프리는 비극적인 삶을 살았다. 그러나 과거는 중요하지 않다. 과거의 각본에 강력한 수정이 이루어진다면 각본은 변할 수 있다. 오프라 윈프리처럼 멋지게 여왕의 각본으로 수정하면 된다.

사람은 누구나 자신의 삶을 계획하는 과정을 결정할 수 있고 자신만의 역전 드라마를 쓸 수 있다. 인생의 주인공으로 나를 캐스팅하기만 하면 된다.

이미 이루어진 것처럼
살아라

승자의 주머니 속에는 꿈이 있고
패자의 주머니 속에는 욕심이 있다.

– 《탈무드》

누구나 되고 싶고 하고 싶은 것들이 있다. 그렇다고 모든 사람들이 자신이 원하는 것을 다 이루는 것은 아니다. 그리고 막연히 상상만 한다고 이루어지는 것도 아니다. 나는 꿈과 소망을 이룰 수밖에 없는 이유를 언어와 마음속에서 찾는다. 나는 먼저 말로 꿈을 선포하고, 그것을 이룬 이미지를 생생하게 그린다. 그 느낌과 소리까지 그릴 수 있게 되면 내가 원하는 것이 신기하게도 자석처럼 당겨져 온다. 즉 이미 이루어진 것처럼 하는 자기암시인 것이다.

어린 시절 무뚝뚝했던 아버지는 나에게 "훌륭한 사람이 될 거야, 주인공으로 살아라."라고 입버릇처럼 말씀하셨다. 아버지가 나에게 해 준 최고의 자녀교육인 셈이다. 나는 이런 말을 들으면서 나 자신과 상호작용을 하게 되었다. 그래서 나는 '그래, 나는 훌륭한 사람이야, 나는 주인공이지' 하면서 그 역할에 충실하려고 노력했다. 아마도 배 속에서부터 부모님은 이렇게 자성예언으로 나를 키운 것 같다. 아마 이 책을 읽고 있는 당신도 마찬가지일 것이다.

사람의 내면에는 무엇이든지 할 수 있는 가능성과 성공할 수밖에 없는 잠재 능력이 숨어 있다. 지금부터 이미 이루어진 것처럼 시도해 보고 매일같이 습관화해 보자. 그러면 상상한 것이 현실이 되는 신기한 경험을 하게 될 것이다. 이렇게 나는 어린 시절부터 일상생활을 포함한 모든 영역에 자기암시를 적용했다. 그래서 이 모든 상상들은 내 마음속 깊숙한 곳, 잠재의식 속에 각인되었다. 필요할 때는 즉시 나를 도와주는 헬퍼가 되었으며 나는 '운'이 좋은 사람, '운'이 따르는 사람이 되었다. 내가 이런 상황을 그저 운이 좋았다고 이야기하지만 사실 끊임없이 이미지를 상상한 덕분에 많은 효과를 보았다. 특히 매일 밤 잠들기 전이나 아침 출근길이 상상력의 골든 타임이다.

나는 자기암시 예찬론자다. 상상하기를 즐겨 하며 머릿속으로 이루어지는 일들을 잘 그린다. 그러면 마음이 유쾌해지고 긍정적인 마음이 작동한다. 그러다 보면 하고자 하는 일은 더 잘되고 이미 좋은 쪽으로 기운다. 유치원을 운영할 때나 사람들을 만날 때도 마찬가지다. 그런데 어느 때는 문득 내가 무섭다는 생각도 했다. 내가 생각하는 모든 것이 현실이 되어 나타나니 '내가 조금이라도 나쁜 생각을 한다면 어떻게 될까?' 싶었다. 부정적인 생각을 할 수 없는 것이다. 요즘은 내가 이루고자 하는 것들을 요약해서 종이에 쓴다. 그리고 더 높은 성취를 이루기 위해서 노력한다. 우스갯소리로 '적자생존'이라고 말하지만 적은 대로 말하고 상상하니 그 힘은 배가 되어 삶을 지휘한다.

언어 또한 강력한 성공 키워드다. 어떤 언어를 사용하느냐에 따라 그 사람이 어떤 사람인지 알 수 있으며 긍정적인지 부정적인지까지 알 수 있다. 대체로 부정적인 말을 많이 사용하는 사람들은 부정적인 사람이 될 수밖에 없고, 반대로 긍정적인 언어를 사용하는 사람은 성공할 수밖에 없다. 우리는 흔히 말이 막히면 "말이면 다야?"라고 말한다. 나는 "그렇다."라고 대답한다. 왜냐하면 말한 대로 행동할 확률이 거의 200%이기 때문이다.

내가 처음 유치원 원장이 되고 YMCA 모임에 갔을 때의 일이다. 그때 나는 모임이 낯설어서 불편했다. 그런데 YMCA 회장은 어색해하는 나를 보고 "장 원장은 유아교육 분야에서 최고가 될걸."이라며 뜬금없이 이야기했다. 물론 그 분은 지나가는 말로 툭 던진 것뿐인데 나는 그 말을 부여잡고 지금까지 최고가 되려고 노력했다. 이렇게 누군가가 해 준 말은 한 사람의 인생을 살리기도 하고 죽이기도 한다. 즉 말이 씨가 된 것이다.

유치원 입학을 앞둔 3월에는 오리엔테이션을 한다. 나는 그때 "여러분의 자녀는 리더입니다."라고 이야기한다. 이렇게 말하면 부모들의 마음자세부터 달라지고 아이들을 대하는 태도가 달라진다. 교사 역시 임하는 마음가짐이 다르다. 그러나 대부분의 원장들은 "여러분의 자녀를 리더로 키우겠습니다."라고 말한다.

'리더로 키우겠습니다'와 '리더입니다'는 출발선이 다르다. 이것이 바로 말이 지닌 힘이다. 성공하고 싶다면 자신이 쓰는 언어를 점검해 보자. 이왕이면 성공할 수밖에 없는 언어를 사용하고 성취할 방법에 대해 생각해야 한다. 말처럼 이루어지는 기적의 주인공이 될 것이다.

많은 성공자들뿐만 아니라 스포츠 선수들 역시 긍정적인 확신의 말과 자기암시를 해 왔던 사람들이다. 골프 선수 잭 니클라우스는 자신의 저서 《골프 마이 웨이》에서 자신은 실제로 샷을 하기 직전에 이상적인 스윙, 날아가는 볼의 탄도 및 방향을 그린다고 했다. 그리고 자신이 골프에서 성공한 것은 모든 플레이를 사전에 '심상(image)'을 통해 준비한 덕분이라고 말했다. 석유왕 호라글라 역시 "성공의 비결은 자신의 계획이 완성된 모습을 얼마나 그려 볼 수 있느냐에 달려 있다."라고 이야기했다. 영화감독 스티븐 스필버그는 무명시절 영화감독이 되는 꿈을 매일 상상했고, 결국 할리우드의 흥행 감독이 되었다. 이외에도 앤서니 라빈스, 짐 캐리, 콘돌리자 라이스, 버락

오바마 등도 모두 자기암시를 적용해 최고의 삶을 살고 있다.

이렇듯 스포츠 선수뿐만 아니라 많은 성공자들은 자신이 원하는 모습을 미리 그림을 그리듯이 이미지로 만든다. 지금 자신이 원하고 바라는 것이 있는가? 그렇다면 먼저 자기암시를 통해 생생하게 이미지를 그려 보자. 머릿속에 그리는 그림의 힘은 아마도 결정적일 것이다.

김태광 작가는 저서 《이미 이루어진 것처럼 살아라》에서 자기암시를 실천할 수 있는 방법 두 가지를 제시했다.

첫째, 바라는 목표를 의식적으로 선택한 뒤 긍정적인 결과를 상상한다. 반드시 해낼 수 있다는 믿음을 갖고 반복적으로 상상한다.
둘째, 결과에 대한 믿음을 무의식에 각인시킨다.

그는 이 두 가지를 매일 실천한다면 우주는 당신을 돕기 위해 분주하게 움직이기 시작한다고 했다.

자기암시를 통해서 이미 이루어진 것처럼 산다면 성공은 가까이에 와 있을 것이다. 실현하고 성취하고자 하는 꿈이 있다면 힘껏 상상하고 간절히 원해 보자. 그러면 우주가 당신을 도울 것이다. 성공하고 싶다면 이미 성공한 것처럼 생생하게 그려 보자. 몸의 감각은 이미 성공자로 세팅될 것이며 기회 또한 운명처럼 찾아올 것이다.

시인 에머슨은 "당신이 할 수 있다고 생각하면 할 수 있고 당신이 할 수 없다고 생각하면 할 수 없다."라고 말했다. 꿈이 이루어지고 안 이루어지는 것은 결국 자신의 몫이다.

뛰어들어야
물의 깊이도 안다

다리를 움직이지 않고는
아무리 좁은 도랑도 건널 수 없다.

– 알랭

초등학교 운동회의 하이라이트는 달리기다. 출발선에 서서 준비할 때는 긴장이 되어 심장이 터질듯 두근두근거린다. 그러나 선생님의 권총 소리가 "땅!" 하고 나면 목적지를 향해 전력 질주한다. 어쩌면 이것이 인생의 코스인 것 같다. 그 출발선에 서기까지 제대로 된 계획과 철저한 준비가 없다면 성공할 수 없을 것이다. 또한 제대로 준비를 했다 하더라도 행동하는 데 망설인다면 그 또한 어떤 성공의 결과도 기대할 수 없다.

매해 2월이면 신입교사들을 뽑는다. 먼저 교사의 자질로 호감형인지, 성실한지, 개방적인 사람인지, 친화력이 있는지 등을 고려한다. 교사를 채용하고 한 달 동안은 나와 함께 전옥표가 쓴《이기는 습관》을 가지고 스터디를 한다. 물론 유치원 교사로서의 전문성은 이미 학교에서 이미 배워서 온다. 하지만 다시 한 번 준비 태세를 갖추는 것이다.《이기는 습관》은 명사령관의 전략 노트로서 총알 같은 실행력과 귀신 같은 전략으로 일등 조직을 만들었다는 전옥표의 현장경영 노하우를 담고 있다.

"성공과 실패라는 엄청난 차이를 만들어 내는 일도 막상 그 과정을 들여다보면 어처구니없는 사소한 것 한두 가지 때문인 경우도 많다. 그러므로 자신이 하고 있는 아주 사소한 것들이라도 끝까지 점검하고 거기에 최선을 다하라! 광고 문안의 단어 하나, 쉼표 하나도, 마케팅의 마지막 단계에서 이루어지는 아주 보잘것없는 실행 툴 하나도, 고객 한 분 한 분에 대한 응대에도, 매장에 진열된 제품 하나하나의 위치까지도 집요하게 고민하고 점검해야 한다. 역사를 바꾼 큰 사건들도 사실은 너무나 사소한 일이 발단이 된 경우가 대부분이다. 그러니 분석하고 또 분석하라! 아무리 좋은 전략도 치밀한 계획과 실행 없이는 종이호랑이에 불과하다. 뛰어난 경영자와 리더 그리고 구성원은 바로 이 의사결정과 실행에서 남다른 치밀함을 보여 주는 사람들이다. 이들은 '이만하면 된 것 같다'는 안일한 기준으로 판단하지 않는다. 철저히 사실을 파악하고 그 문제의 사안을 다시 각 영역별로 잘게 쪼개어 집요하게 분석한다."

신입교사들과 스터디를 하고 나면 교사들은 의욕과 자신감이 넘친다. 눈빛이 달라지는 것은 물론이고 걸음걸이마저도 달라진다. 스스로 어떤 교사가 되어야 하는지, 무엇을 해야 하는지 마음가짐에서부터 행동에 이르기까지 전략적으로 무장하고 유치원 교사로서 출발선 앞에 당당히 선다. 이렇게 준비가 되었을 때는 어려운 상황이 닥치더라도 포기하지 않고 다시 힘을 내게 되는 것을 볼 수 있다. 나는 승리의 맥을 잡는 '이기는 습관'을 유치원 조직에 심고 있다. 그러다 보니 교사들은 아이들을 대할 때나 학부모를 응대할 때 체계적이며 전략적으로 접근한다.

예를 들어, 아이들이 유치원에 들어오면 어떻게 응대해야 하는지 발 빠르게 움직인다. 또한 학부모들이 유치원을 방문했을 때도 그들이 문을 열고 무엇을 가장 먼저 보는지, 어디부터 둘러보는지, 어디에 시선이 멈춰지고 어떤 질문을 하는지까지도 파악해 낸다. 교실 상황에서도 교육적 목적을 달성할 수 있도록 각각의 요소들이 완벽하게 구성되어 있는지 확인한다. 교실 또한 아이의 입장에서 깨끗하게 잘 정돈되어 있고 교실 안의 모든 것들이 "너를 사랑해! 환영해!"라고 외치고 있어야 한다. 적어도 아이들이 중심이 되는 장치를 하나도 해 놓지 않고서 '이만하면 됐어' 하고 안도한다면 그들은 프로 교사도 아니며 프로 원장도 아닌 것이다.

우리는 쉽고 빠르게 성공하기를 바란다. 그러나 미리미리 준비하고 신중하게 생각한 뒤에 행동하기보다는 발등에 불이 떨어진 뒤

에야 비로소 움직이는 버릇이 있다. 그리고 다른 일로 너무 바빠 제대로 준비를 못할 때가 있다. 나도 초보 원장일 때 여지없이 그랬다. 그렇기에 원하는 결과가 나오지 않아서 아등바등했던 때도 있었다. 이는 초보교사 역시 마찬가지일 것이다. 그러니 제대로 알고 준비해서 과감하게 행동한다면 길은 얼마든지 열린다.

프랑스의 시인이며 신학자인 알랭은 "다리를 움직이지 않고는 아무리 좁은 도랑도 건널 수 없다."라고 했다. 르노 닛산 얼라이언스의 사장인 카를로스 곤은 "실행이 곧 전부다."라고 말했다. 이것이 나의 지론이다. 아이디어가 전체 업무에서 차지하는 비중은 5%에 불과하다. 아이디어의 좋고 나쁨은 어떻게 실행하느냐에 따라 결정된다고 해도 과언이 아니다.

전옥표 씨 또한 조직이든 개인이든 실패에 빠지는 가장 큰 이유는 "성공하고 싶은 마음만 굴뚝같고 그것을 실행할 몸은 전혀 움직이지 않는 데 있다. 아무리 많은 전략과 아이디어가 있다고 해도 그것이 즉각적이고 구체적으로 실행되지 않으면 공염불이 된다."라고 말했다. 이는 모든 기업이나 조직 및 개인의 삶에서도 마찬가지다. 나 또한 행동력이 떨어지고 우물쭈물하는 성격 탓에 손해 보는 일이 많았다. 나는 행동하지 못하는 것을 자신감이 부족한 성격 탓이라고 치부해 버리기도 했다. 지금 생각해 보니 성격 탓이 아니라 아마도 철저하게 준비하지 못해서 자신감이 없었기 때문이었다.

교사는 사람을 다루는 일을 한다. 한 사람의 인생이 교사의 손에 달려 있다고 해도 과언이 아니다. 그러나 교사들 중에는 자신이 지금 하고 있는 일이 얼마나 의미 있고 영향력 있는 일인지 알지 못하고 어쩔 수 없이 하는 사람들도 있다. 왜일까?

준비되어 있지 않기 때문에 힘이 든 것이다. 그러니 열정이 생기지도 않을 것이며 움직이려고 하지도 않는다. 주도적으로 일을 할 수 없는 것은 물론이고 맡은 일에서 뚜렷한 성과를 내기도 어렵다. 그러나 학부모들은 유치원을 선택할 때 과감하고 빠르게 행동한다. 주변의 여러 유치원을 비교하면서 수없이 고민하고 또 고민한다. 어쩌면 교사보다도 학부모들이 유치원에 관한 정보를 더 많이 갖고 있는지도 모른다.

학부모들은 많은 유치원을 방문하면서 고심한 끝에 아이를 보낼 유치원을 결정하게 된다. 학부모들이야말로 누구보다 뛰어난 전략가이며 행동가다. 교사들 스스로 학부모와 아이의 입장이 되어서 마음 놓고 다닐 수 있는 유치원으로 만드는 것이 진정한 교사의 모습일 것이다.

전옥표 작가는 《이기는 습관》에서 "수영장에 갔으면 물에 풍덩 뛰어들어 수영을 해야 한다. 그래야 물이 차가운지 적당한지, 물의 깊이가 깊은지 얕은지도 알게 되고 어떻게 숨을 쉬고 팔을 저어야 헤엄을 칠 수 있는지도 알게 된다."라고 말했다. 시도하지 않고 행동하지 않는다면 아무 일도 일어나지 않는다.

물에 뛰어들 준비가 되었는가? 그러면 우물쭈물하지 말고 과감하게 한번 뛰어들어야 한다.

05

인생의 버킷리스트

우리는 두려움의 홍수를 버티기 위해서
끊임없이 용기의 둑을 쌓아야 한다.

— 마틴 루서 킹

    남편은 나에게 "당신은 하고 싶은 것이 많아서 먹고 싶은 것도 많겠다."라며 놀린다. 나도 내가 어찌 그리 하고 싶은 것이 많은지 신기하다. 이렇게 하고 싶은 것이 많으니 항상 분주하고 바쁘다. 늘 생동감이 넘치게 무엇인가를 이루어 냈다는 성취감에 내심 만족스럽다. 물론 주변의 많은 사람들로부터 부러움도 샀으며 인정도 받았다. 그러나 때로는 피곤함과 스트레스로 인해 지치기도 했다. 그렇다고 내 직업이 견딜 수 없을 만큼 고된 것은 아니다. 꼭 내가 해내야 할 일이라는 사명감에는 변함이 없다.

    내 나이 쉰이 넘어갈 즈음에 문득 내가 가야 할 길이 그동안 걸어왔던 길과는 달라야 한다는 생각이 들었다. 물론 최선을 다해서 열심히 살았지만 다시 한 번 내가 걸어온 길을 뒤돌아볼 필요가 있었다. 더 나은 미래를 위한 스스로의 응원이 절실했다. 그동안은 일에 쫓겨 내가 원하는 것이 무엇인지도 몰랐다. 심지어 내가 좋아하는 것이 무엇인지조차도 생각해 보지 못한 채 일에만 몰두했다. 이젠 나에게 집중하는 것이 내 삶을 최고로 멋지게 사는 것이며 나에게 주는 최고의 선물이라는 것을 깨달았다. 이런 깨달음은 〈버킷리스트〉라는 영화를 보고 난 뒤 더욱 간절해졌다.

영화의 줄거리를 살펴보면, 주인공인 자동차 정비사 카터에게 '버킷리스트'는 46년 전 추억에 불과했다.

사업가 에드워드는 돈도 안 되는 '리스트' 따위에는 관심이 없었다. 기껏해야 최고급 커피를 맛보는 것이 삶의 즐거움이었다. 우연히 같은 병실을 쓰게 된 두 남자는 너무나 다른 서로에게서 중요한 공통점을 발견한다. '나는 누구인가'를 정리할 필요가 있다는 것이었다. 얼마 남지 않은 시간 동안 '하고 싶던 일'을 다 해 봐야겠다는 바람이 그것이었다. 이들은 '버킷리스트'를 실행하기 위해 병원을 뛰쳐나가 여행길에 오른다. '세렝게티에서 사냥하기, 문신하기, 카레이싱과 스카이다이빙, 눈물 날 때까지 웃어 보기, 가장 아름다운 소녀와 키스하기, 화장한 재를 깡통에 담아 경관 좋은 곳에 두기……' 등 버킷리스트 목록을 지워 나가기도 하고 더해 가기도 하면서 두 사람은 많은 것을 함께 했다.

영화 〈버킷리스트〉는 나에게 진정으로 하고 싶은 일이 무엇인지 질문을 던졌고 지금의 삶으로부터 뛰쳐나와 행동하게 했다. 왜냐하면 내가 하고 싶었던 일을 주저하면서 놓쳐 버린 기억이 있기 때문이다. 내가 가장 하고 싶었던 일 중의 하나가 아버지가 돌아가시기 전에 함께 외국 여행을 하는 것이었다. 늘 내 옆에 계실 줄 알고 '이다음에, 이다음에' 하면서 계속 미루기만 했다. 그런데 아버지가 갑자기 병환을 얻으시고 도저히 여행을 할 수 없는 상황이 되었고 곧 돌아가셨다. 나는 그때서야 가슴을 치며 통곡했지만 소용없었다. 그러니 하고 싶은 일을 미루다 보면 그 기회를 놓쳐 버릴 수 있다는 것을 명심해야 한다.

나와는 달리 자신이 하고 싶은 것은 무엇이든 해내는 딸, 윤경이가 부럽다.

"윤경아, 너는 제일 하고 싶은 것이 뭐야?"

"하고 싶은 건 엄청 많은데…… 꿈을 말하는 거예요?"

"꿈도 좋고 지금 제일 하고 싶은 것이 뭐야?"

"음, 일단 소설가, 시험 잘 보는 것, 친구들 꿈 멘토, 셰프, 통역가, 외교관, 여행 작가, 강연가……."

"너도 하고 싶은 거 많아서 먹고 싶은 것도 많겠다. 하하."

윤경이는 아이돌 작가다. 꿈의 목록은 수도 없이 많다. 윤경이는 꿈은 하나일 수 없다고 말한다. 하나를 이루었으면 또 다른 꿈을 꾸어야 하는 것 아니냐는 것이다. 그러면서 지금 제일 하고 싶은 것은 책을 쓰는 것이라고 한다. 사실 윤경이는 책 읽는 것을 좋아하고 방대한 종류의 책을 읽는다. 특히 추리소설을 좋아하는데 서점에만 가면 눌러앉아서 책을 본다. 그리고 원하는 책을 한 보따리씩 사 오는 것을 좋아한다. 어느 날 윤경이가 서점에서 물었다.

"엄마는 서점에 오면 어떤 생각이 들어요?"
"윤경이가 쓴 책이 저 중앙에 있는 가장 멋진 유리 선반에 진열되면 좋겠다는 생각을 하지."

그때부터 윤경이는 달라지기 시작했다. 인터넷에 웹툰과 추리소설을 써서 올리기도 하면서 스스로 책쓰기를 했다. 윤경이는 "엄마, 나는 책이 재미있어서 읽을 줄만 알았지 책을 쓴다는 생각은 해 보지 않았어요. 그런데 엄마의 말을 듣고 뒤통수를 한 대 얻어맞은 듯한 충격을 받았지 뭐예요."라고 말했다.

윤경이의 생각을 알고 책쓰기 공부를 한번 해 보는 것이 어떻겠느냐고 했더니 거침없이 하겠다고 했다. 그래서 어른들과 함께 책쓰기 공부를 시작했다. 결국 두 권의 공저와 개인저서를 쓰게 되었다. 학교 공부를 병행하고 학원까지 다니면서 책을 쓴다는 것은 힘든 일이다. 그래도 포기하지 않고 끝까지 해내는 윤경이를 보면서 밝은 미래가 엿보인다는 생각이 들었다. 이외에도 친구들과 동생들의 고민을 들어 주는 멘토 역할을 하고 있고, 얼마 전에는 후배들을 대상으로 꿈 찾기 강연을 하기도 했다.

"엄마, 나는 다른 사람이 쓴 책을 보며 감동하고, 꼭 한 번은 작가를 만나서 이야기를 나누어 보고 싶었어요. 그런데 지금은 내가 쓴 책을 누군가가 읽고 나를 만나러 오는 상상을 하니 마음이 너무나 뿌듯해요."

어린아이지만 자신이 하고 싶은 것을 당당히 이루어 내고 또 다른 꿈에 도전하는 똘똘함과 당당함에 크게 감동을 받았다. 나 또한 가장 하고 싶은 일이 책쓰기와 부모교육 강사다. 아마 윤경이도 나의 영향을 적잖게 받은 모양이다. 그러나 막힘없이 시도하는 윤경이에게서 한 수 배운다. 나는 막연하게 '책을 한 권 써야지'라는 생각을 품고 있었지만 '내가 할 수 있을까?'라는 생각에 계속 미루고 있었다. 그러나 더 이상은 보류할 수가 없었다.

부모교육 역시 유치원에서 항상 하던 것이지만 더 큰 무대에서 강연하고 싶었다. 드디어 2015년 6월 나의 개인저서인 《화내는 엄마, 눈치 보는 아이》가 세상에 나왔다. 이 책은 영·유아기의 아이들을 기르는 부모들을 교육하면서 만난 엄마들의 실제 이야기다. 나는 이 책 덕분에 내가 열망했던 부모교육 강사가 되었고 여러 많은 곳에서 강연을 하게 되었다. 그러면서 많은 엄마들을 현장에서 만나 더 생생하고 진솔한 이야기를 나누는 멋진 경험을 하게 되었다. 하고 싶은 일을 한 번에 모두 이루는 기쁨을 얻게 되었다. 용기만 낸다면 세상에 불가능은 없다.

현재는 해외여행이든 국내여행이든 '혼자서 여행해 보기'가 목표다. 혼자서 여행한다는 것은 사실 나에게 엄청난 도전이다. 특히 해외여행을 하고 싶다. 그런데 낯선 곳에 대한 두려움이 커서 계속 '가지 못할' 계획만 세우고 있다. 그러나 끝까지 도전을 멈추지 않을 것이며, 이외에도 소소하게 꼭 하고 싶은 것들을 하나씩 실현하면서 또 다른 하고 싶은 일을 찾는 재미를 포기하지 않을 것이다.

그동안 하고 싶은 일이 있어도 일하느라 바빠서 미루고 있었다면 더 늦기 전에 시작해 보는 용기를 갖자. 계획만 세우지 말고 행복한 결정을 내리자. 작은 것이라도 좋다. 진정 하고 싶은 일을 주저하지 말고 당장 시작해야 한다.

06

미끄럽다고
다 미끄러지는 것은 아니다

결함이 나의 출발의 바탕이고
무능이 나의 근원이다.

– 발레리

내가 사는 안중에는 유독 눈이 많이 내린다. 그래서 밤새 눈이 온 다음 날에는 이른 아침부터 유치원 마당에 수북이 쌓인 눈을 치워야 한다. 그래야 아이들을 태운 차가 미끄러지지 않고 안전하게 들어올 수 있다. 그런데 사실 이렇게 많은 눈이 올 때는 아이들과 함께 눈놀이를 해야 하는데 다 쓸어 버릴 생각을 하니 아쉬웠다.

밤새 내린 눈에 미끄러져 나도 모르게 '꽈당' 하고 엉덩방아를 찧었다. 얼마나 아프던지 눈물이 핑 돌았다. 누군가가 보기라도 할까 봐서 얼른 일어나려다가 다시 또 미끄러졌다. 멀리서 남편이 "조심하지."라고 소리쳤다. 남편 또한 "조심하지."라는 말을 하자마자 미끄러져서 엉덩방아를 찧었다. 나는 속으로 '쳇, 날 좀 잡아 주지' 하면서도 남편이 엉덩방아를 찧은 모습을 보며 한참을 웃었다.

새벽녘이라 길은 더 얼어붙어 반들반들 미끄러웠다. 중심을 잡는 것이 쉽지 않은 것을 보니 나이는 못 속이나 보다. 젊었을 때는 눈길을 뛰어다녀도 넘어지는 일이 거의 없었다. 시어머니는 팔순이 다 되었는데도 눈이 오거나 비가 와도 걷는 운동을 멈추지 않으신다. 그래도 넘어졌다는 소리는 한 번도 들은 적이 없다. 아무래도 그동안 운동을 한 덕분에 몸이 단련되어 몸이 민첩하게 된 것 같다. 혹여 넘어지더라도 다치지 않게 잘 넘어지신다. 또한 매일 운동을 하셨으니 어느 곳이 미끄러운지, 어디를 밟고 걸어야 하는지 이미 세심하게 아신다.

인생길도 이와 마찬가지다. 미끄러운 겨울 길처럼 자신을 넘어뜨리려는 요소들이 곳곳에 많다. 실제로 많은 사람들이 마음을 다치고 상한다.

어떤 이는 돈에 넘어지고, 사랑에 넘어진다. 그리고 공부에 넘어지고, 건강에 넘어진다. 때때로 한 번 크게 넘어지면 잘 일어나지 못한다. 우리의 삶에도 민첩함이 필요하다. 평소에 늘 중심을 잘 잡고 사는 연습이 필요하다. 한쪽으로 치우쳐 균형을 잃으면 언제든지 넘어질 수 있다.

또한 길을 잘 살피는 것도 중요하다. 길이라고 해서 다 길이 아니다. 가야 할 길이 있고, 가지 말아야 할 길이 있다. 밟아야 할 땅이 있고, 피해야 할 땅이 있다. 매 순간 자신의 길을 살펴야 한다. 아는 길이라도 가볍게 보지 말자. 미끄러지지 않도록 넘어지지 않도록, 다치지 않도록 조심하자. 늘 조심하고, 갖출 건 갖추고, 잘 살피는 것이다.

미끄러지지 않는 가장 간단하고 좋은 방법은 눈에도 미끄러지지 않는 밑창을 댄 신발을 신는 것이다. 그것은 바로 신앙과도 같을 것이다. 사람으로부터 상처 받고 미끄러져서 일어나지 못하고 계속 미끄러질 때 나를 일으켜 세운 것은 신앙이며 기도의 힘이었다. 몇 해 전 평탄하던 나의 길에 한꺼번에 고난이 찾아왔다.

신종플루, 교사들의 퇴사, 아버지의 다리 절단 통보, 원아들의 퇴원, 교사들과 학부모들의 등 돌림은 그동안의 나의 삶 모두를 흔들 만큼 강력했다. 무엇보다도 사람에 대한 상실감이 시리고 아팠다.

왜 이렇게 한꺼번에 이런 일들이 생기지? 내가 뭘 잘못했기에 하면서 방황하고 있을 때 문득 '이런 일이 생긴 이유가 있을 거야! 신은 감당하지 못할 어려움은 주지 않는다고 했어. 나에게는 감당할 만한 힘이 있어. 더 나빠지지 않도록 하나님께서 말씀해 주신 거야'라며 내가 더 잘할 수 있는 이유에 집중했다. 그리고 그동안 곁에서만 바라보았던 여러 일들을 현미경으로 관찰하듯이 들여다보게 되었다. 새로운 마음과 감사함으로 무장한 채 굳건하게 헤쳐 나갔다. 이때부터 또다시 나의 전성기는 시작되었고 마음속 깊은 곳에 숨어 있던 열정이 다시 솟아나 많은 곳에 뿌려지기 시작했다.

그러고 보면 세상에 아무 이유 없이 생기는 일은 없다. 좋은 일도 나쁜 일도 그럴 만한 이유가 있는 것이다. 그때에 무엇보다도 중요한 것은 삶이 보내는 신호를 알아차리는 것이다. 고난과 시련이 닥친다는 것은 나에게 더 튼튼한 성공이 오고 있다는 것임을 알아차리고 감사함으로 맞이해야 한다. 그러면 이전의 성공보다도 훨씬 더 값진 성공을 이루게 될 것이다.

최고의 삶을 살고 있는 오프라 윈프리를 모르는 사람은 없을 것이다. 윈프리는 가난뱅이에서 성공자로 거듭난 사람이다. 토크쇼의 여왕이 되기까지 수없이 좌절하고 미끄러지기도 했다. 그러나 그녀를 매 순간 일으켜 세운 것은 종교적 믿음이었다. 자신이 더욱 영적이고 열성적인 신자가 되기를 바랐다. 종교적 믿음에 관한 오프라 윈프리의 어록을 살펴보자.

"강간, 학대, 폭행, 임신에 대한 두려움, 생활보호 대상자였던 어머니, 살이 찌고 인기가 떨어질지도 모른다는 불안감, 제가 이 모든 것을 극복할 수 있었던 힘은, 진부할지도 모르지만 바로 하나님에 대한 믿음이었습니다."
"이건 새로 태어나는 것이 아니라 진화예요. 인생이 무엇인지 알아가는 거예요. 하나님이 세상의 중심에 계시다는 것을 깨닫는 거죠. 이 말을 이해하면 모든 것은 간단한 일이 되어 버립니다."

"할머니는 내게 기도는 인간이 할 수 있는 가장 귀중한 도구라고 가르쳤다. 언젠가 허리를 구부릴 수 없게 될 테니 늘 무릎에 대고 기도를 하라고 말씀하셨다."

"진정한 성공은 모든 것이 당신의 뜻에 따라 진행될 때, 모든 것을 하나님의 뜻에 따라 간절히 바랄 때 도래한다. 하나님은 여러분이 자신을 위해 소망하는 것보다 더 많이 당신을 위해 소망한다."

"난 단 하루도 감사합니다, 저는 정말로 복 받은 사람입니다,라고 기도하지 않고 지나가는 날이 없었다. 하지만 나는 자신이 받는 축복은 스스로 만들어 낸다고 믿는다. 스스로 준비한 사람만이 기회가 왔을 때 그것을 잡을 수 있다."

오프라 윈프리의 종교적 믿음과 열의는 평생 윈프리를 떠나지 않았다. 누구나 미끄러지지 않도록 큰 걸음보다는 종종걸음으로, 보폭은 짧게 하고 호주머니에 손을 넣고 걷지 않아야 한다. 눈의 시선은 평상시보다 발쪽으로 향하도록 하고 발뒤꿈치로 걷지 마라. 그래야 삶에서 민첩함과 균형감을 가질 수 있으며 아주 미끄러운 길이라도 거뜬하게 걸을 수 있다. 설사 넘어졌다 해도 다시 벌떡 일어나 새롭게 걸을 수 있는 것이다.

07

상상하면 이루어진다

한가한 인간은 고여 있는 물이 썩는 것과 같다.
– 프랑스 격언

아이들은 자신이 하고 싶은 일에는 놀라운 집중력을 발휘한다. 그런데 만약 자신이 하고 싶은데 못 할 때는 어떻게 할까? 집착하게 된다. 집착은 아이의 심리를 간섭해 아무것에도 집중할 수 없게 만든다. 예를 들어 아이는 자신이 입고 싶은 옷을 입고 유치원에 가고 싶은데 엄마는 아이의 마음은 아랑곳하지 않고 엄마 마음대로 입힌다. 그러면 아이는 그 욕구를 그림 속에서 집착으로 나타내기도 하고 예쁜 옷으로 과도하게 치장하려고 한다. 이는 흔히 있는 일이다. 그런데 유아기 때는 자신이 입고 싶은 옷을 입으면 집착은 금세 사라진다. 즉 아이들의 집착은 하고 싶은 것이 해결되고 갖고 싶은 것이 충족되면 없어진다.

어른들 역시 마찬가지다. 자신이 하고 싶은 것을 어떤 이유로 하지 못한 경우 평생 한이 되어 집착하는 삶을 산다. 만학도인 어르신들의 이야기가 가끔 화제가 되어 신문이나 매스컴을 통해 보도된다. 어린 시절 먹고살기 힘들어 가족을 부양하느라 공부할 시기를 놓친 것이 평생의 한이 되어 늦깎이 학생이 되었다는 이야기다. 이렇게라도 자신이 하고 싶은 것을 꼭 하면 괜찮지만 그렇지 못한 경우에는 '한'과 '집착'으로 남아 평생을 안타깝게 보낼 것이다. 그러니 하고 싶은 것이 있고 갖고 싶은 것이 있다면 미루지 말고 온전히 집중해야 한다. 이것이야말로 진정한 프로의 사고방식일 것이다.

인생을 성공으로 이끈 이들이 공통적으로 가지고 있는 기술이 집중력이다. 하고 싶고 갖고 싶은 소망에 집중력을 발휘해 보는 것은 어떨까. 우리는 흔히 공부하는 학생에게 "집중해서 공부해."라는 말을 많이 한다. 그러나 공부를 왜 해야 하는지 알지 못한다면 아이는 공부에 흥미를 느끼지 못할 것이다. 사촌 조카 채연이의 경우도 학교 공부에 흥미를 느끼지 못한다. 심지어 공부는 왜 하는지 모르겠다며 머리를 쥐어뜯기도 한다.

"채연아, 너는 꿈이 뭐야?"
"이모, 저는 헤어아티스트가 되는 게 꿈이에요. 그래서 프랑스로 유학 가서 공부할 거예요."

나는 그때를 놓치지 않고 "채연이 생각 멋진데, 앞으로 이모의 머리는 헤어아티스트 이채연에게 맡길게."라고 말한다.

헤어디자이너가 되려면 무엇이 필요하고 무엇을 해야 하는지 진지하게 이야기를 나누었다. 채연이의 목표는 뚜렷했다. 단지 그 목표가 공부와 상관이 있는지 없는지 몰랐을 뿐이다. 채연이는 헤어아티스트가 머리만 잘 만지면 되지 공부하고는 전혀 상관없다는 생각을 가지고 있었다.

나는 채연이에게 헤어디자이너가 되려면 무엇이 필요한지 적어보라고 했다. 적어 내는 모습이 이미 헤어디자이너다. 이렇게 구체적으로 목표를 세우고 나니 목표를 이루기 위해선 공부만 한 것이 없다는 것을 안 모양이다. "이모 알겠어요. 물론 공부하는 것이 쉽지는 않지만 그래도 헤어아티스트가 될 거니까 공부해야죠."라며 힘 있게 말했다.

물론 공부는 누구에게나 쉽지 않다. 우리나라처럼 경쟁이 심한 나라에서는 더욱 공부가 싫을 수 있다. 남을 제쳐야만 내가 살아남는 살벌한 전쟁터에서 아이들이 꿈이라는 목표와 공부가 연관성이 없다고 합리화시키는 것은 당연한 일일 것이다. 더욱이 채연이 엄마는 채연이의 꿈을 못마땅하게 생각하고 있었다. 그래서 채연이에게 동기부여를 해 주지 못했다.

내가 아는 동철이 또한 헤어디자이너가 꿈이다. 동철이의 부모님은 모두 헤어디자이너다. 그러니 동철이가 헤어디자이너가 되고 싶은 것은 어쩌면 당연할 수 있었다. 동철이의 부모는 동철이가 헤어 디자이너가 되도록 적극적으로 돕고 있다. 그래서 동철이는 초등학교 3학년인데도 열심히 공부하고 있다. 특히 외국으로 유학을 갈 생각에 영어 공부에 매진하고 있다. 다른 공부도 잘해야 자신이 되고 싶고 하고 싶은 것을 할 수 있다는 것을 어려서부터 깨달았기 때문이다. 이렇게 목표가 뚜렷하니 공부에 집중하는 것은 어쩌면 당연하고 자연스러운 일이다.

일상생활에서도 집중력은 꼭 필요하다. 특히 사업을 하는 경영자나 일반 직원들도 마찬가지다. 얼마나 집중하느냐에 따라 일에서 성공하기도 하고 실패하기도 한다. 이런 집중력을 발휘하려면 무엇보다도 자신이 원하는 일을 목표로 삼아야 그 힘이 더 커진다. 그런데 자신이 하고 싶은 일이 무엇인지조차도 모른다면 집중력은 따라붙지 못한다. 스스로가 무엇을 원하는지 정확하게 알아야 원하는 일에 집중할 수 있다. 자신이 무엇을 원하는지, 무엇을 가지고 싶은지 곰곰이 먼저 살펴봐야 한다.

이러한 모든 일은 자기 스스로 마음의 주인이 되지 않고서는 이루어질 수 없다. 왜냐하면 원하는 일에 온 정신을 집중하고 원하지 않는 일에서는 마음을 거두어야 온전히 집중할 수 있기 때문이다. 공부에 집중하고 싶으나 주변의 상황이 그렇지 못하다고 해도 그 상황 역시 마음의 문제다. 그러니 일단 자신의 마음을 통제하고 잘

다스려야 한다.

나폴레온 힐은 《놓치고 싶지 않은 나의 꿈 나의 인생》에서 당신이 원하는 일에 집중하려면 먼저 "당신이 이루고 싶어 하는 일들과 지지하는 일들에 정신을 집중하라. 당신의 두뇌를 통제하고 낙관적 사고에 이용하라. 당신의 마음을 손에 쥐고 당신이 선택하는 이미지들로 향하게 하라. 당신이 원하는 일들, 당신이 지니고자 하는 유익한 특성들을 마음속에 그릴 수 있게 생각을 훈련하는 법을 배워야 한다. 마음의 눈을 통해 주어진 상황의 긍정적인 결과를 그려 봄으로써 그것이 현실에서 이루어지도록 할 수 있다."라고 말했다.

나폴레온 힐의 말처럼 많은 사람들은 자신이 원하는 일을 마음속 상상을 통해서 이룬다. 이는 허황된 일 같기도 하지만 심상화야말로 성공할 수 있는 가장 빠른 방법이다. 왜냐하면 생각은 집중해야 하기 때문에 어느새 자신이 생각했던 것으로 향하게 된다. 다시 말해 생각한 대로 되는 것이다. 그렇기 때문에 많은 성공자들은 시각화하는 방법을 활용해 원하는 것을 움켜쥘 수 있었다.

맬츠 박사는 잠재의식은 진짜 경험과 상상 속의 경험을 구분하지 못한다고 하면서 심상화의 방법을 다음과 같이 제안했다.

"매일 일정한 시간을 정해 눈을 감고 자신의 목표에 대한 공상을 한다. 자신이 그 목표를 이미 이루었다고 상상한다. 자신이 이룬 목표가 어떤 느낌, 냄새, 모습인지 그려 본다. 자신이 부정적인 생각에 잠

겨 있는 것을 발견하면 즉시 생각을 중단하라고 명령한다. 그리고
그 우울한 이미지를 당신이 인생에서 진정으로 바라는 마음의 그림
들로 대체한다."

성공한 사람들에게 특별한 비결이 있다면 바로 갖고 싶고 원하
는 것을 마음속으로 그리며 심상화한다는 것이다. 하고 싶고 갖고
싶은 것이 있는가? 그러면 지금 당장 원하는 것을 마음속에 그려 보
라. 그리고 그것을 바라 보자.

08

꿈꾸는 삶은
언제나 가까이 있다

성취하려면 행동뿐만 아니라 꿈을 꾸어야 하며
계획을 세울 뿐 아니라 그것을 믿어야 한다.

— 아나톨

아버지는 나에게 연을 만들어 자주 띄워 주었다. 그리고 나무로
된 마차를 손수 만들어 태워 주었다. 그러면서 나에게 말했다.

"세상에는 세 종류의 사람이 있단다. 원대한 꿈을 꾸고 도전하는
사람과 꿈만 꾸는 사람, 그냥 현실에서 허우적거리며 꿈조차 꿀 생
각을 못하는 사람이 있단다. 큰 꿈을 가진 사람은 연처럼 훨훨 날아
갈 수 있단다. 멋지지!"

아버지는 나에게 입버릇처럼 꿈 이야기를 했다. 나는 그때부터
무의식적으로 꿈을 가슴에 품고 비상할 준비를 하며 무엇인가를 동

경하기 시작했다. 그 무렵 우리 집은 전등불도 들어오지 않을 때였다. 그러나 집 앞 언덕에 서면 멀찍이 반짝반짝 빛나는 전등 불빛이 내 마음을 사로잡았다. 나는 저곳이 어디인지 마음속으로 상상했다. '도대체 저곳이 어디인데 저렇게 예쁠까!' 하면서 매일같이 언덕 위에 올라가 물끄러미 그곳을 바라보았다.

"아버지, 저기가 어디예요?"
"저기는 네가 공부를 열심히 하고 책도 많이 보면 갈 수 있는 곳이지."

지금 생각하니 공부하라는 말씀이었다. 그때 아버지의 새까맣고 커다란 눈은 나의 꿈을 모두 담아낼 듯이 선했다. 나는 지금도 아버지의 그 눈빛을 잊을 수가 없다. 나는 저곳에 빨리 가고 싶다고 생각했다. 그리고 아무나 갈 수 없는 동화 속의 장소처럼 열심히 공부해야만 가는 줄 알면서 자랐다. 아버지는 직접적으로 꿈에 대해서 말하거나 성공하려면 어떻게 하라고 말하지는 않았지만 나는 그 별이 빛나는 곳으로 가기 위해 노력하며 살았다. 아마도 이것이 내가 꿈꾸며 살게 된 시초인 듯하다.

현재의 내 모습은 과거 내가 생각했던 모습이라는 말이 있다. 아니라고 부정할 수도 있겠지만 나는 전적으로 동감한다. 싫든 좋든 수없이 그렇게밖에 될 수 없도록 스스로 인도한 것이다. 신학기가 되면 교사 오리엔테이션을 한다.

"김 선생님은 자신이 3년 후 어떻게 달라지길 원하나요."

대답을 못하고 우물쭈물하는 교사가 있다. 반면 "원장님, 저는 1정 연수를 받고 그다음 원감, 원장 연수를 받아서 원장이 되는 것이 꿈입니다. 그래서 원장님처럼 멋지게 유치원을 운영할 거예요. 아마 10년 후면 저는 원장이 되어 있을 것입니다. 원장님 많이 도와주세요."라고 말하는 교사가 있다. 과연 어느 선생님의 일상이 관리자로서 신뢰가 갈까? 아마도 두 사람은 걸음걸이며 눈빛조차 다를 것이다.

꿈꾸는 삶은 그냥 만들어지지 않는다. 꿈꾸는 인생을 살고 싶으면 우선 목표부터 세우고 실력을 쌓자. 목표가 분명한 사람은 사소한 것조차도 그냥 넘어가는 일이 없으며 일상을 배움터로 여긴다. 더군다나 현재의 삶을 중요시하면서 진정 자신이 할 일은 여기에 있다고 생각하며 누가 보든 안 보든 최선을 다한다.

미켈란젤로가 시스티나 성당의 천장 벽화를 그릴 때의 일이다. 벽화는 크기가 183평방미터나 되는 대작이었다. 하루는 그가 사다리 위에 올라가서 천장 구석에 인물 하나하나를 꼼꼼히 그려 넣고 있었다. 한 친구가 그 모습을 보고 이렇게 물었다.

"이보게, 그렇게 구석진 곳에 잘 보이지도 않는 걸 그려 넣으려고 그 고생을 한단 말인가? 그래 봤자 누가 알겠는가?"

"내가 알지."

꿈과 목표가 분명한 사람은 아주 작은 것에서부터 보이지 않는 것까지 구석구석 살핀다. 또한 일상을 즐겁고 신나게 보낸다. 그러다 보면 꿈꾸던 성공이 잡히기 시작하고 언젠가는 기회가 오게 된다.

꿈이 있는 사람은 끊임없이 공부하며 책을 읽는다. 실력이 없다면 아무리 큰 꿈을 가지고 있어도 이루어지지 않는다. 일상을 통한 실제 경험에서 우러나온 것이 진짜 공부다. 성공한 사람들은 책과 공부의 끈을 놓지 않은 사람들이라는 것을 잘 알 수 있다.

나는 유치원을 운영하고 있지만 유치원을 자식에게 물려줄 생각은 없다. 나와 함께하고 있는 교사들이 차근차근 단계를 밟고 때가 되면 원장이 되게 하겠다는 꿈을 가지고 있다. 즉 교사의 발전을 돕는 것이다. 그래야 교사들도 희망이 있을 테니까.

내가 오산에서 어린이집을 운영할 때의 일이다. 나도 초보 원장이었고 초보 교사인 이미숙 선생이 있었다. 그때가 내 인생에서 가장 힘든 시기였지만 최고의 순간이기도 했던 것 같다. 이미숙 선생은 여러 가지 상황으로 인해 주변의 공격을 받았던 어려운 시기를 나와 함께 보냈다. 그녀는 20대 초반에 나를 만나서 온갖 어려운 일들을 함께하고 이제는 원장이 되었다. 적정 시기가 되었을 때 나는 그녀에게 대부분의 권한을 위임했다. 그랬더니 더 이상 교사가 아니라 주인으로서 행동하기 시작했다. 자리가 사람을 만든다는 말이 실감이 났다. 이렇게 교사가 원장이 될 수 있었던 데는 서로에 대한 무한 신뢰가 바탕이 되었다.

지금 역시 평교사로 시작해서 1정 연수를 받고 원감 자격을 따내어 원장을 준비 중인 김 교사가 있다. 현재 유치원의 많은 부분을 위임하고 그녀의 발걸음을 지켜보고 있다. 그녀는 지금 원장이 되는 연습을 하고 있다. 얼마 전에 신입 학부모 교육설명회 때의 일이다.

"원장님, 왜 설명회를 원장님이 안 하고 원감이 하세요?"

한 엄마가 기분 나쁘다는 듯이 나에게 물었다.

"어머님, 제가 어머님들께 보여 드리는 무한 신뢰인데 눈치 못 채셨어요?"
"네?"

사실 교육설명회는 대부분 원장들이 직접 하는 것이 일반적이다. 그러다 보니 객관성 확보가 안 되고 유치원 자랑으로 끝나기 일쑤다. 어떻게 하면 엄마들이 나에게 오게 할까에 집중하다 보니 자랑 일색일 수밖에 없는 것이다. 그런데 나는 오래전부터 교육설명회를 교사들에게 위임했다.

주임 교사들이 돌아가면서 하도록 하기도 했고 이번에는 원감들에게 모두 위임했다. 어떻게 보면 원장의 직무 유기처럼 보일 수 있지만 내 나름대로는 최고의 전략인 셈이다. 그만큼 교육에 자신이 있다는 나의 뜻을 알게 된 학부모는 "유치원 자랑이 아니라 교육에 대해 듣게 되어 더 믿음이 가고 교사에 대한 원장님의 신뢰를 보니 아이를 안심하고 맡길 수 있겠다."라고 말했다. 그렇지 않아도 요즘 교사들에 대한 안 좋은 소식이 뉴스에 연일 보도되어 걱정이었는데 안심하고 맡길 수 있겠다는 말까지 덧붙였다.

"원장님, 저는 원장님께서 열심히 공부하시고 앞으로 나아가는 모습을 보면서 나도 원장이 될 수 있다는 희망을 가졌어요."

유치원 교사들 중에는 훗날 원장이 되는 것이 목표인 사람들이 많다. 나 또한 초보 교사로 시작해서 원장이 되는 꿈을 놓지 않았다. 나는 누군가가 나를 보고 희망을 발견하고 새로운 자극을 받는 현재의 삶이 좋다. 자신이 꿈꾸는 삶은 언제나 가까이 있음을 기억하자. '나'도 누군가의 희망이 될 수 있다.

09

시련이 기회다

막다른 곳에 빠지게 될 때는 온몸을 바쳐 부딪쳐라.
– 《무문관》

"시련이 많다는 건 운이 좋은 일이다. 나는 오뚝이 인생을 살아왔다. 시련은 성장의 기회고, 행복은 성장의 대가다. 시련이 많다는 건 운이 좋은 일이다. 더 크게 성장할 수 있기 때문이다. 이 시련도 또한 흘러간다. 기회는 언제나 있다."

야구 선수 박찬호가 뉴욕 양키스 방출 직후 SNS에 올린 글이다. 그뿐만 아니라 이 세상의 많은 성공스토리는 시련을 기회로 바꾼 사람들에 의해 만들어졌다. 여러 가지 어려운 상황들 속에서 자신이 가진 것을 최대한 활용해 기회를 포착할 수 있는 방법을 찾아내고 극복한다면 그토록 꿈꾸던 일을 이루게 되는 것이다. 그것이 바로 진정한 성공이 아닐까? 인생을 살다 보면 크든 작든 시련은 누구에게나 찾아온다. 나 또한 인생이 뒤엉키는 시련이 있었다.

"여보, 어디 불났나 봐요? 사이렌 소리가 나네요."

나는 직감적으로 내가 운영하고 있는 학원이라는 생각이 스쳤다. 그래서 마음이 더 쿵쾅거리기 시작했다. 멀리서 봐도 내가 운영하는 학원과 가까웠다.

"빨리 일어나요. 우리 학원에 불난 것 같아." 하는데 눈물이 왈칵 쏟아졌다. 나와 남편은 옷을 대충 입고 차를 몰고 학원으로 달려갔다. 아니나 다를까 우리 학원 앞에는 소방차와 동네 사람들이 뒤엉켜 있었다.

사람들을 제치고 교실 안으로 들어가니 온통 재투성이에다 탄내가 나서 숨을 쉴 수가 없었다. 이미 검은 잿물이 흥건했다. 그때 나는 '이제 끝인가' 하는 생각에 털썩 주저앉았다. 어제 퇴근하면서 천장에 매달린 선풍기를 끄지 않은 것이 누전이 되어 불이 난 것이었다. 토요일이라 아이들이 없었던 것이 천만다행이었다. 그동안 주변의 원장들이 시기할 만큼 학원이 잘 운영되었고 생활이 안정될 때였다. 또다시 새로 시작해야 하는 시련을 맞은 것이었다.

앞으로 갈 수도 없고 뒤로 물러설 수도 없는 상황이 꼭 새까만 상자 안에 갇혀 옴짝달싹 못 하는 모습과 같았다. 돈은 돈대로 막히고 사람은 사람대로 막혀서 오도 가도 못하는 지경이었다. '왜 나에게만 이런 일이……' 한탄이 절로 나왔다. 가슴이 미어지고 먹먹한 것이 딱 죽고 싶다는 말이 맞는 것 같았다. 가족들이 아무리 위로를 해 주어도 마음에 와 닿지 않았다. 그저 남의 일이니까 그렇게 이야기하지, 하면서 괜한 원망도 품게 되었다.

주저앉아 며칠을 시름에 빠져 있을 때 네 살 난 큰딸이 방바닥을 치면서 "여러분!" 하며 나의 흉내를 내고 있었다. 아이를 친정에 맡겨 놓고 가끔 데리고 왔던 딸이 검은 눈을 껌벅이며 방바닥을 치는 모습이 영락없이 나를 야단치고 있는 모습이었다. 그때 나는 뒤통수를 한 대 얻어맞은 듯했다. 나는 '그래, 이러면 안 되지. 우리 아이를 봐서라도 내가 이렇게 있을 수는 없지' 하며 빗자루를 들고 청소를 하기 시작했다. '맞아, 불이 난다는 것은 더 크게 부흥한다는 뜻이야.' 혼잣말로 이렇게 중얼거리며 나는 새롭게 각오를 다지면서 다시 정성스럽게 시작할 수 있었다.

이때는 자연 만물이 나에게 응원을 보내는 것 같았다. 이렇게 마음을 다잡고 다시 용기를 내니 엉켰던 많은 것들이 실타래 풀리듯이 풀리는 것이 느껴졌다. 그리고 새로운 기회도 마치 준비된 것처럼 찾아왔다. 유아교육과를 나오고 선배가 운영했던 학원을 운영하면서 숙원이었던 유치원을 운영할 수 있는 계기가 꿈처럼 온 것이다. 그러니 내가 마주한 시련은 어쩌면 다른 길을 열어 준 통로가 된 셈이다.

가만히 뒤돌아 생각해 보니 사람의 능력을 최대로 이끌어 낼 수 있도록 하는 것은 꿈이나 희망을 품고 있을 때보다 위기 상황에 처했을 때일지도 모른다. 시련이 왔다는 것은 또 다른 기회가 열린다는 뜻이다. 박찬호 선수의 말처럼 어쩌면 운이 좋은 것이고 더 크게 성장할 수 있는 때다.

어떤 이는 시련을 기회로 삼고 좌절과 절망을 이겨 내면서 희망을 품는다. 그러나 그렇지 못한 사람은 남과 환경을 탓하면서 한탄만 하며 시간을 보낸다. 이것은 선택의 문제다. 어떤 유쾌하지 못한 상황이 생겼더라도 그것에 대해 긍정적으로 생각하고 반응할 기회를 놓치면 안 된다. 나 또한 시련에 맞닥뜨린 채 허우적거렸다면 힘든 삶을 살고 있을 것이다. 시련은 피하지 않고 정면으로 마주했을 때 자신을 더욱 빛나게 해 주는 것이다. 많은 성공스토리 또한 시련을 견디고 이겨 내어 반전을 만들었다.

우리가 잘 알고 있는 피겨 여왕 김연아 역시 무수히 힘든 시련을 이겨 내고 세계 최고가 되었다. 그녀는 힘든 상황을 SNS에 이렇게 고백하기도 했다.

"훈련을 하다 보면 늘 한계가 온다. 어느 땐 근육이 터져 버릴 것 같고 어느 땐 숨이 목까지 차오르며 어느 땐 주저앉고 싶은 순간이 다 가온다. 이런 순간이 오면 가슴에 무언가 말을 걸어 온다. 이만하면 됐어, 충분해, 다음에 하자. 이런 유혹에 폭삭하고 싶을 때가 있다. 하지만 이때 포기한다면 안 한 것과 다를 게 없다. 99도까지 열심히 온도를 올려놓아도 마지막 1도를 넘지 못하면 영원히 물은 끓지 않는다. 물이 끓는 건 마지막 1도, 포기하고 싶은 바로 1도를 참아 낼 때다. 이 순간을 넘어야 그다음 문이 열린다. 그래야 내가 원하는 세상으로 갈 수 있다."

영광은 그냥 이루어지는 것이 아니다. 수없이 많은 고통을 참아 내야 한다. 참아 내야 하는 수없이 많은 역경과 시련들, 그것을 견디고자 하는 자신과의 싸움에서 승리해야 왕좌에 앉을 수 있다. 김연아 선수 역시 끝까지 견뎌서 찾아온 기회를 놓치지 않고 승부에 나섰기에 성공할 수 있었던 것이다.

예상치 못한 어떤 역경이나 실패, 패배, 슬픔 등 유쾌하지 못한 상황이 닥치더라도 그것에 대해 긍정적으로 반응할 수 있어야 한다. 자신에게 시련이 왔다면 인생의 반전이라고 생각하자. 시련을 기회로 바꿀 수 있는 방법을 찾아내는 데 초점을 두자. 그러면 방법이 보이는 것은 물론이고 그 시련 안에 숨겨진 보물도 찾을 수 있다.

트위터의 창업자 비즈 스톤은 "기회란 스스로 만드는 것이다."라고 말했다. 즉 모든 것은 마음먹기에 달려 있는 것이다. 기꺼이 그 역경 안으로 뛰어들어 보자. 막다른 벼랑 끝이라도 펄쩍 뛰어 보자. 뛰어넘을 수 있는 초월적인 힘도 분명 내 안에 있다. 아무리 어려운 끝이라 해도 다시 시작이라는 희망의 싹이 움트고 있을 것이다. 솔로몬의 반지에 이런 글귀가 있다.

"이것 또한 곧 지나가리라."

힘들고 어려운 시기는 언젠가 사라진다. 곧 시련의 시기는 지나갈 것이고 시련은 새로운 삶의 씨앗을 키우는 계기가 될 것이다. 안전지대에만 머물러 있다면 더 이상의 성공은 없을 것이다. 자신이 더 크게 성공하리라는 믿음을 가지고 새로운 성공을 기대하자. 쓰러져도 다시 일어나는 사람이 진정한 승자다.

CHAPTER 4

새롭게 꿈꾸고
도전하라

나만의 스토리를
만들어라

인생은 짧은 이야기와 같다.
중요한 것은 그 길이가 아니라 값어치다.

— 세네카

성공한 사람들의 대부분은 자신만의 독특한 스토리를 갖고 있다. 누구의 이야기가 아닌 자신만의 이야기다. 이렇게 말하면 당연히 성공했으니까 이야깃거리가 있다고 생각할 수 있다. 하지만 그렇지 않다. 누구에게나 아름답고 소중한 이야기가 있다. 단지 찾으려고 하지 않을 뿐이다. 나 또한 평범하고 소소한 삶을 산지라 이야깃거리가 없다고 생각했다. 그러나 그 평범함이 멋지고 행복한 드라마다. 꼭 극적인 반전이 있어야만 살 만한 가치가 있는 것이 아니다. 또한 굴곡진 삶을 살았다고 멋진 스토리가 되는 것도 아니다. 생각을 바꾸면 평범하고 소소한 삶이 자신의 스토리가 될 것이다. 멋진 나만의 인생 스토리를 창조하면 자신의 스토리는 또 다른 사람의 희망이 되고 도전이 된다.

사람들은 인생을 살면서 행복과 성공 스토리를 갖길 원한다. 행복한 삶이 인생의 목적이기 때문이다. 그러나 그런 행복은 특별한 사람들이 가질 수 있는 것처럼 여기기도 한다. 그러나 행복은 늘 자신과 가까이 있다. 예전에도 그랬고 앞으로도 그럴 것이다. 나는 유아기 아이들의 엄마들을 만나면 가장 먼저 "행복하십니까?"라고 질문한다. 행복을 기준으로 자신의 삶을 출발하고 행복한 마음으로 아이를 키우길 바라기 때문이다. 그리고 아이들이 스스로 자신의 인생 각본을 즐겁게 쓰길 바라는 마음에서다.

엄마는 아이들의 각본을 쓰는 사람이다. 그러나 성장하면서 아이들 자신이 다시 결단하고 결정해야 한다. 오늘보다 내일, 지금보다 더 멋진 인생을 원한다면 다시 시작하자. 자신이 지금 어떤 스토리를 쓰느냐에 따라 자신의 미래가 달려 있기 때문이다.

나는 유치원을 운영하고 있지만 대중강연을 하는 부모교육 강사가 되는 것이 목표다. 그러나 소심함과 자신감 부족으로 망설이고만 있다가 어느새 인생의 중반을 넘어서고 있다. 더군다나 자기 비하가 너무 심해 자존감마저 떨어져 있는 것이 큰 문제였다. 부족함은 채워지지 않았고 계속 무엇인가를 더 채우기 위해 이리저리 기웃거리면서 보낸 시간들이 많았다. '도대체 나는 언제 시작하지! 계속 준비만 할 것인가?'

그러다가 무조건 시도해 보자는 생각이 들었다. '나는 충분해, 이만하면 됐어, 실수하면 어때, 그럴 수도 있지. 한번 해 보는 거야' 라는 생각이 드는 순간 모든 상황이 내 편이 되었고 자신감이 생기기 시작했다. 드디어 내 이름을 걸고 내가 원하는 부모교육 강사가 되어 전국을 돌아다니면서 강연을 하게 되었다. 이때부터 나는 특별한 주제가 아닌, 나의 삶을 이야기하게 되었다. 그러면서 많은 엄마들에게 동기부여를 해 주고 그들의 삶 속에 나의 스토리를 연결하면서 또 다른 스토리를 만들었다. 이렇게 삶의 이야기는 계속 만들어진다. 그러면서 더 많은 성공의 기회도 함께 오는 것을 실감한다.

　　성공하고 싶다면 자신의 스토리를 만들어 보자. 이는 어느 누구도 대신할 수 없다. 자신이 원하는 놀랍고 멋진 스토리는 바로 '나'만이 시도할 수 있다는 것을 기억하자. 지금 어떠한 상황에 있던 그것은 중요하지 않다.

　　공부를 많이 했든 안 했든, 돈이 있든 없든 상관없다. 이 모든 것들은 당신의 놀라운 스토리의 주제가 될 수 있다. 진정 원하는 것이 무엇인지 안다면 확고하고 명확한 목표가 생기게 될 것이다. 이렇게 목표를 정한다는 것은 이미 내 인생의 가장 중요한 스토리가 절정에 다다랐다는 뜻이다. 일단 내 삶에서 가장 원하는 것의 목표를 갖는 데서 시작하자. 이제 더 이상 자신의 인생을 아무것도 아니게 흘러가도록 내버려 두는 실수는 하지 말자.

　김태광 작가는 대한민국 최고의 책쓰기 코치다. 그는 어린 시절 공부도 잘 못했고 집안 형편도 풍족하지 않았다. 그는 서울 영등포의 고시원에서 라면을 주식으로 아파트 신축공사 현장에서 막노동을 하며 살았다. 매일이 고통스러웠지만 지금은 누구보다 인생을 축제처럼 살고 있다.

　그의 스토리는 많은 사람들에게 꿈과 희망이 되었다. 더군다나 사람들이 자신의 이야기는 별것 아니라는 편견에서 벗어나 특별한 스토리로 창조할 수 있도록 도와주고 있다. 현재 그는 〈한책협〉을 통해 사람들의 생각과 인생을 바꾸어 주고 있다.

　"당신도 분명 할 수 있습니다."라는 그의 강한 한마디는 많은 사람들의 마음에 열정의 불씨를 지폈다.

　나 또한 그의 코치를 받으며 내 안에 잠자고 있던 잠재능력을 깨우게 되었다. 바로 인생 2막의 새로운 길인 '작가의 길'을 걷게 된 것이다. 내가 꿈도 꾸지 못했던 일들이다. 그러나 그와의 만남으로 인해서 나의 이야기의 한 페이지를 멋지게 장식하게 되었다. 이렇게 누구를 만나느냐에 따라 삶이 바뀔 수 있다. 최고의 전문가를 만나는 것이 무엇보다도 중요함을 실감했다.

　얼마 전 자신의 스토리로 특강을 했던 《하루 10분 독서의 힘》의 저자인 임원화 작가를 만났다. 그녀 역시 대학병원 중환자실 간호사로 삼교대 근무를 하면서 아무리 바빠도 하루에 10분 이상 꼭 책을 읽었다. 심폐소생술을 할 정도로 위급한 환자를 보며 일한 날도 예외가 아니었다. 무수히 많은 작심삼일을 거쳐 몰입독서를 하면서 꿈과 미래에 집중할 수 있었고 시간이 지날수록 긍정적이고 적극적으로 행동하는 사람이 되었다.

현재는 하루 10분 독서의 힘을 많은 사람들에게 알리고 있다. 책을 쓰고 강연을 함으로써 많은 사람들과 자신의 스토리를 공유한다. 이로써 1인 기업가로 자신을 브랜딩하면서 제2의 성공가도를 달리고 있다.

세상에는 나만의 독특한 스토리를 통해 웬만한 중소기업보다도 더 잘나가는 사람들이 있다. 이들은 자신의 스토리를 브랜드화해서 인생 2막을 준비한다.

특히 우리가 알고 있는 천호식품의 김영식 회장 역시 10여 년 전만 해도 자살을 선택할 만큼 힘들었다. 강남역에서 전단지를 돌리기도 했으며 한 끼 밥값이 없어 여관에서 소시지에다 소주로 배를 채우기도 했다. 그랬던 그가 다시 시작하기로 작정하고 새로운 스토리를 건강식품에 덧입히면서 천호식품이라는 브랜드를 대중화시켰다. 현재 중소기업 회장으로서 강연, 언론 인터뷰, 방송활동을 하며 누구보다 행복하게 살고 있다.

자신의 이름과 하는 일이 스토리를 만들지 못해 브랜드화하지 못한다면 성공할 수 없는 시대가 되고 있다. 내 인생이 지금부터 시작이라고 생각하고 온 마음을 다해 꿈을 꾸고 움직여 보자. 당신의 삶은 한 권의 책이자 누군가의 꿈이 될 수 있다.

일본의 경영 컨설턴트 간다 마사노리는 1%의 성공의 비밀에 대해 "99%의 사람은 현재를 보면서 미래가 어떻게 될지를 예측하고 1%의 사람은 미래를 내다보면서 지금 현재 어떻게 행동해야 될지를 생각한다. 물론 후자의 1% 인간만이 성공한다. 그리고 대부분의 사람들은 그 1%의 인간을 이해하기 어렵다."라고 말했다.

세상에 나와 같은 스토리를 가진 사람은 한 명도 없다. 또한 지금 실패한 인생이어도 괜찮다. 이는 기회가 되기 때문이다. 일단 지금 자신이 누구인지 생각해 보는 시간을 가져 보자. 그리고 희망을 품고 다시 출발하는 인생을 꿈꾸어 보자. 지나온 과거에 집착하지 않고 해야 할 일을 찾아 길을 나서는 것, 그것이 이야기의 출발점이 된다. 사는 대로 살아지는 인생이 아닌, 나만의 멋진 스토리의 주인공이 되어 인생의 명작을 만들어 보자.

미래의 나에게
당당해져라

사람을 고귀하게 만드는 것은
고난이 아니라 다시 일어서는 것이다.

− 크리스티안 바너드

오늘도 나는 '나'를 뜨겁게 응원한다. 나는 그 어느 것도 허투루 대하지 않는다. 내 생각이 나를 만들고 그 생각대로 될 것이기 때문이다. 단 한 번뿐인 삶을 그냥 의미 없이 흘려보내는 것은 어처구니없는 일이다.

미래에 당당한 나를 원한다면 자신부터 변해야 한다. 특히 성공을 꿈꾸는 사람이라면 무엇보다도 자신을 새롭게 변화시키고 그 변화를 즐길 각오가 필요하다. 또한 하루의 삶을 철저하게 살지 않으면 더 나은 내일은 기대할 수 없다. '오늘 하루쯤은 괜찮겠지' 하는 생각을 갖는 순간이 바로 벌떡 일어나 행동할 때다. 가만히 앉아 있기만 해서 이루어지는 것은 세상에 없다.

나와 함께 근무하는 교사 중에는 어쩔 수 없이 일을 하는 경우도 있다. 시키는 일만 마지못해 하면서 어떻게 하면 안 할까에 집중한다. 그러니 매사가 못마땅하고 부정적일 수밖에 없다. 그래서 자신을 포함한 주변 사람들까지 힘들게 한다. 아마 이런 마음으로 일을 하는 사람은 대부분 삶에 대한 명확한 목표가 없으니 주체적으로 삶을 살지 못하고 주변인으로 맴돌게 된다. 뛰어난 능력이 있음에도 타성에 젖어 일하고 성실하지 못하다. 그러나 뚜렷한 목표와 꿈을 가지고 있는 교사는 눈에 띌 수밖에 없다.

김 선생은 내가 유치원에 들어서자마자 반갑게 인사를 하며 응대한다.

"원장님, 오늘 너무 예쁘세요. 차 한 잔 드릴까요?"
"걱정 말고 하던 일 하세요. 내가 먹고 싶으면 먹을 거니까 걱정 말고."

나의 사양에도 따끈한 차 한 잔을 대접하는 그녀를 보면 믿음이 간다. 언제나 한결같이 성심을 다해 사람을 기쁘게 맞이한다. 그러니 아이들과 동료들에게도 인기가 많다. 그녀는 육아와 집안일을 병행하며 자신의 경력을 꾸려 가고 있다. 많은 어려움 속에서도 삶의 중심을 놓지 않고 당당한 여자로 사는 모습이 생기가 넘친다. 또한 삶을 긍정적으로 바라보며 자신이 하는 일에는 철저하게 최선을 다

한다. 지금 그녀는 평교사를 거쳐서 당당히 부원장으로 재직하고 있다. 아마도 몇 년 후가 되면 어엿한 원장의 꿈을 이룰 것이다.

사람은 누구나 더 나은 미래를 꿈꾼다. 그러나 꿈만 꾼다고 해서 그 꿈이 현실이 되지는 않는다. 그 꿈을 이루기 위한 철저한 계획과 실천이 필요하다. 이렇게 자신이 어디로 가야 하는지, 무엇을 해야 하는지 목적을 알고 나아가는 사람은 언제나 당당하다. 매순간 최선을 다해 산다면 멋진 미래는 선물처럼 늘 곁에 머무를 것이다.

"원장님 정말 대단해요. 축하해요!"
"고마워요."
"바쁜 양반이 언제 이렇게 책을 냈어요."
"틈틈이 엄마들에게 부모교육 하면서 나온 얘기들을 쓴 거예요."

얼마 전 나의 개인저서 《화내는 엄마, 눈치 보는 아이가》가 나왔을 때 어느 원장과 나눈 대화다. 원장들은 나를 부러워하며 어떻게 하면 책을 쓸 수 있는지 비법을 알려 달라고 했다. 나는 그 말을 들었을 때 진정으로 책을 쓰고 싶어서 그러는지 아니면 그냥 해 보는 말인지 궁금했다. 만약에 그 말이 진심이라면 먼저 책쓰는 방법을 찾아보고 알아내며 나에게 진지하게 물어 보았을 텐데 그냥 지나가는 말로 물어 본다. 그럴 때 나는 괜히 신경만 쓰인다. 사실 책을 한 권 쓰는 것이 어떤 사람에게는 쉽겠지만 나는 유치원 운영과 동시에 했기에 힘들고 지치는 일이었다. 이런 과정들을 이겨 내고 탄생한 것이다. 무슨 일이든지 맨 꼭대기에서 영광을 누리는 데는 그 올라간 만큼의 노력과 고통도 함께한다. 세상에 공짜로 이루어지는 것은 없다. 이루고자 하는 것을 향해 열심히 살아야만 정상에 오를 수 있다. 그러나 많은 사람들은 정상에 서 있기를 원하지만 등산을 즐기지는 않는다. 그렇게 되면 산꼭대기까지 다다를 수 없다는 것을 명심해야 한다.

《십대가 진짜 속마음으로 생각하는 것들》의 저자 정윤경은 나의 늦둥이 딸이다. 자신의 꿈이 꼭 어른이 되어서야만 이루어지는 것은 아니라면서 글을 쓰기 시작했다. 학교에 다니는 것도 힘들 텐데 학원까지 다니며 글을 썼다. 자신의 꿈을 포기하지 않고 글을 쓴다는 것은 정말 대단한 일이다.

"엄마, 꿈은 어른이 되어야만 이루는 것이 아닌 것 같아."
"그래도 힘들지 않니?"
"응. 힘들기는 하지만 그래도 재미있어."
"그래, 정말 대단하다."
"엄마, 꿈은 이루라고 있는 거고, 나는 또 다른 꿈을 계속 꾸고 이룰 거예요."

"우리 딸 욕심이 하늘을 찌르네."

"어디서 봤는데, 미래는 미래가 결정하는 것이 아니라 바로 지금이 결정하는 것이래요. 멋지죠?"

"어디서 그런 멋진 말을!"

내심 딸이 대견하고 자랑스러웠다. 어린 나이임에도 자기 꿈을 향해 도전하며 용기를 내기를 반복했다. 그러더니 개인 저서《십대가 진짜 속마음으로 생각하는 것들》을 세상에 내놓았다. 쉽게 책한 권이 나온 것이 아니다. 수없이 많은 준비와 도전이 있어 가능했다. 많은 아이들이 힘들어 한다는 사춘기임에도 자신의 미래를 향해 당당히 걸어가는 딸은 자신감이 넘친다. 윤경이는 꿈과 목표가확실하니 오늘 하루가 얼마나 중요한지 알 것이다. 현재의 학교생활뿐만 아니라 자신의 삶을 주도적으로 당당히 살고 있다.

"윤경아, 용기를 내 봐!"

윤경이의 부회장 선거 때의 에피소드다. 마음속에서는 회장 선거에 나가 볼까 하는 마음이 굴뚝같았으나 용기가 나지 않아 머뭇거렸다. 그러는 사이 회장 선거가 훌쩍 지나갔다고 한다. 이제 남은 것은 부회장 선거였다. 갑자기 마음속에서 "윤경아 용기를 내 봐!"라는 소리가 들려왔다. 윤경이는 자신도 모르는 사이에 손을 번쩍 들었다고 한다.

"제가 부회장이 된다면 이 튼튼한 팔 보이시죠? 튼튼한 팔과 튼튼한 다리로 우리 반의 어려운 일을 도맡아 하겠으니 여러분 저를 뽑아 주십시오."

윤경이는 자신감을 드러냈다. 사실 윤경이는 외모 콤플렉스가 있었기에 매사에 자신감이 없었다. 그런데 용기를 내었더니 되었다는 것이다.

이처럼 우리는 싫든 좋든 모두 자기 인생의 경영자다. 누가 대신 경영해 주지 않는다. 이왕이면 잘되도록 자기 인생을 가꾸어야 하지 않을까? 우물쭈물 그냥 그렇게 사는 대로 살지 말고 가슴에 뜨거운 꿈을 품어 보자. 그리고 열정을 다하자. 그러면 일상의 삶 또한 다시 시작될 것이다. 그리고 다시 전원을 끄지만 않는다면 꿈은 곧 현실이 될 것이다.

누구에게나 크든 작든 이루고 싶은 꿈이 있다. 훗날 그 꿈을 이룬 모습을 떠올려 보자. 저절로 입가에 미소가 번질 것이다. 그렇다면 충분히 현재를 잘 살고 있는 것이다. 목표를 향해 힘차게 질주할 때 성공은 이미 내 편이 되어 있을 것이 분명하다.

가 보지 않은 길을
과감히 선택하라

뛰어나고 훌륭하게 시작할 필요는 없다.
그러나 훌륭하기 위해서는 시작해야 한다.

− 지그 지글러

"원장님, 저……."

"왜, 무슨 일 있어요. 말씀해 보세요."

"원장님, 저 다른 일을 한번 해 보려고요."

"네, 그게 무슨 말이에요. 뭐 서운한 것이 있어서 그러는 거예요?"

"아니, 그게 아니고요. 다른 일을 한번 시작해 보려고요."

"그래도 그렇지, 예고도 없이 너무 뜬금없는 거 아니에요. 안 됩니다."

"미리 말씀 못 드려서 죄송해요."

갑자기 부원장인 유 선생이 나를 찾아왔다. 나와 함께 오랜 시간을 같이했기에 가족이나 다름없었다. 그런데 뜬금없이 유치원을 그만두겠다고 하는 것이었다. 이유를 물어 보니 식당을 계약했다고 한다. 20년이 넘게 유치원에 근무했던 사람이 무슨 식당을 운영하느냐고, 안 된다고 설득했다. 그러나 상의도 없이 계약금까지 다 치른 상태라 도저히 어쩔 수가 없는 상황이었다. 도대체 무슨 생각을 가지고 덜컥 일을 저질렀는지 화가 난 것은 물론이고 배신감마저 들었다. 당연히 그녀가 유치원을 운영하는 원장이 될 줄 알았기에 모든 것이 혼란스러웠다.

그러나 그것도 잠시, 이제는 그 과감한 선택을 존중해 주어야 했다. 그녀의 꿈 역시 유치원 원장이 되는 것이지만 그 꿈을 위해 잠시 안식년을 가지면서 다른 길에 도전하는 용기가 부럽기도 했다.

나에게는 그녀가 그만두는 것이 아쉽기만 했지만 그녀에게는 또 다른 기회의 시작일 수 있었다. 지금까지의 길과 다른 길을 선택하기까지 수많은 준비와 계획을 했을 것이다.

이제 새로운 길을 가는 그녀를 응원한다. 물론 그 길 안에 수많은 어려운 일들이 있을 것이다. 이러한 것들을 잘 극복하고 자신이 꿈꾸는 길을 향해 당당히 나아가길 바랄 뿐이다. 설사 그 길이 잘못 들어선 길이라도 거기에서 또 다른 희망을 발견하길 바란다.

어느새 유 선생이 퇴사하고 식당을 운영한 지가 6개월이 넘었다. 나는 남편과 식당을 방문했다. 반갑게 맞이하는 그녀의 얼굴은 빛이 났으며 잰걸음으로 달려오는 모습에는 성공의 기운이 감도는 듯했다. 그동안 겪어 보지 않았던 여러 가지 에피소드, 직원들이 갑자기 그만두어 당황스러웠던 일, 월급을 줄 돈이 없어서 대출해서 주어야 했던 일 등 수많은 이야기와 한탄으로 시간 가는 줄 몰랐다. 그러나 많은 어려운 일이 있었음에도 새로운 것에 대한 흥미와 기대가 넘치고 있는 듯했다.

"원장 선생님 감사해요."

"뭐가?"

"그동안 유치원에서 배운 실무 경험이 필요하지 않을 거라고 생각했는데 여기서도 적용이 되네요."

"다행이야. 세상은 다 연결되어 있지. 어디든 사람이 사는 곳인데, 뭐."

"네. 진심으로 감사드립니다."

자신이 하고 있는 일을 10년 넘게 하다가 다른 길을 선택한다는 것은 무모한 도전일 수도 있다. 그러나 자신이 하고 싶고 원하는 꿈이 있다면 용기를 내 보는 것이 마땅하다. 그렇지 않으면 성공의 도착지에 도달할 수 없다.

나는 과연 내가 하던 일을 하루아침에 그만두고 다른 길을 선택할 수 있을까? 아마도 주저하는 것은 물론이고 수없이 망설일 것이

CHAPTER 4_ 새롭게 꿈꾸고 도전하라

다. 더군다나 결정 장애 수준이라고 할 만큼 용기가 없는 나에게는 위험한 선택이 될 수 있다. 그래서 망설이는 것은 어쩌면 당연한 것이라고 생각할 것이다. 이렇게 새로운 일을 결정하고 실행하는 것은 어려운 일이다. 그러나 내가 꼭 하고 싶고 원하는 꿈이 있다면 한 번쯤 전환점을 갖고 도전하는 용기가 필요하다.

얼마 전 회사를 잘 다니고 있던 친구 상민이가 절임명이나물을 들고 찾아왔다. 상민이는 공과대학을 나와서 누구나 부러워하는 공기업 회사를 다니고 있었다. 그런데 더 늦기 전에 하고 싶은 일을 하겠다고 다니던 회사를 그만두고 새로운 일을 시작했다. 물론 가족의 반대도 만만치 않았다. 거의 이혼 위기까지 가기에 이르렀으나 상민이의 확고부동한 결심은 그 누구도 막지 못했다. 이렇게 모든 상황을 정리하고 자신이 원하는 일을 선택한 상민이는 현재 중국 무역으로 제2의 인생을 살고 있다.

상민이는 절임나물을 중국에서 만들어 우리나라 식당에 역으로 보급하는 일을 한다. 지금은 큰 공장을 여러 개 운영할 정도로 튼튼한 회사가 되었다. 하지만 그동안의 고생은 말이 아니었다. 사기도 많이 당하고 의사전달이 잘못되어 손실도 여러 번 당했다고 한다. 지금은 부인과 함께 명이나물을 비롯한 절임마늘 등 우리나라 식당에서 필요로 하는 많은 것들을 만들어 역수출을 하며 돈도 벌 만큼 벌었다. 그래서 현재는 자신의 회사에서 만든 김치며 명이나물을 양로원이나 보육원 등에 무료로 나누어 주는 좋은 일도 하고 있다.

상민이는 내게 "막상 부닥쳐 보니 해결하지 못할 것은 없더라. 멈추지만 않으면 돼. 그러면 또 다른 기회가 생기고 무지개 끝에 도착할 거야. 그러니 일단 시작해. 망설이지 말고."라고 말했다. 어느새 상민이의 얼굴은 꿈꾸는 소년처럼 변해 있었다.

지금까지 한 번도 경험하지 않았던 새로운 일을 한다는 것은 많은 용기를 필요로 한다. 더군다나 안정된 일을 하다가 경로를 바꿀 때는 더없이 두렵다. 하지만 그것이 행복할 수 있는 절호의 기회라면 놓치지 말아야 한다.

나는 어릴 때부터 고속도로와 같은 쭉 뻗은 신작로를 좋아했다. 아마도 젊었기에 목적지를 정해 놓고 앞으로 쭉 전진하고 싶은 마음이 가득 차 있었기 때문이었던 것 같다. 그러다 보니 다른 길은 보이지도 않았고 다른 길이 있다는 것조차 모르고 살았다. 물론 그렇기에 목적지에 빨리 도착했을 수도 있다. 그러나 자꾸 아쉬운 마음이 든다. 물론 많은 성공자들 또한 외길만 고집했기에 성공했다.

그러나 세상은 변화하고 있다. 과거에 옳았던 것이 지금은 아닐 수 있다. 그 당시 나 또한 어리석게도 다른 길이 있다는 것을 미처 알지 못했다. 그만큼 융통성도 없었고 오로지 한길만 고집한 것이다. 더 많이 좋아하고, 하고 싶은 것을 과감히 하지 못했던 것이 지금은 너무 아쉽다. 빤히 보이는 길보다 보이지 않는 길을 뚫고 나갈 때 변화하는 것이고 발전하는 것이다.

시도하지 않고서는 아무것도 이룰 수 없다. 길을 가는 것도 마찬가지다. 이 길이 내가 가도 되는지 아닌지 미리 걱정부터 한다면 아무 곳에도 도착할 수 없다. 설사 길이 아니어도 내가 먼저 길을 낸다면 곧 내가 길잡이가 되는 것이다. 그러니 이제 과감히 가 보지 않은 길을 향해 떠나 보자. 그러면 자신이 꿈꾸는 최선의 길로 들어설 수 있다. 미래를 향한 도전은 가 보지 않은 길을 갈 때 가능한 것이다.

기적을 창조하는
사람이 되라

내 생각에는 강력한 힘이 있다.
별이 하늘에서 떨어진 이유에 대해
한마디로 말하면 내가 원해서다.

— 괴테

"나는 끊임없이 다시 태어난다. 아침마다 삶을 다시 산다. 그런 식으로 하루를 시작한 지 80년이다. 그것은 타성에 사로잡힌 기계적인 행동이 아니라 내 행복에 매우 중요한 일이다. 아침이 되면 잠에서 깨어 피아노 앞에 앉는다. 전주곡 두 곡과 바흐의 푸가 한 곡을 연주한다. 그 음악들이 내 집을 축복으로 가득 채운다. 그것은 삶의 신비 그리고 인간의 일부를 이루는 기적과 접촉하는 방법이기도 하다. 80년 동안 이 습관을 유지하고 있지만 내가 연주하는 음악은 결코 똑같지 않다. 음악은 항상 새롭고 환상적이고 믿을 수 없을 만큼 굉장한 것을 나에게 가르쳐 준다."

챌리스트 파블로 카잘스가 쓴 글이다. 우리의 일상은 매일이 기적이다. 내가 이 세상에 태어난 것도 기적이고 수많은 사람들과 어울려 지구별에 있는 것도 기적이다. 기적은 마법처럼 오지 않기에 기적인 줄 모르고 살 뿐이다.

파블로 카잘스처럼 적극적으로 일상을 살 때 기적은 내 편이 된다. 성공한 사람들은 자신의 삶에서 일어났던 크고 작은 이야기들이 기적이었다고 이야기한다. 그러나 그렇지 않은 사람은 자신의 삶이 기적이었다는 것을 알아차리지 못한다. 부디 오늘의 삶을 적극적으로 활용하는 하루가 되어야 한다.

"여러분은 창조자입니다. 하나님만 창조자가 아닙니다. 지금 이 순간 여러분은 창조할 수 있습니다. 기쁨, 불쾌함, 행복 등을 창조할 수 있습니다. 그렇죠?"

"네, 그런 것 같아요."

강의를 하거나 부모교육을 할 때면 언제나 "여러분은 창조자입니다."라고 못을 박고 시작한다. 그러면 청중들은 눈을 멀뚱거리며 '내가 무슨 창조자인가'라는 생각을 한다. 내가 이렇게 말하는 이유는 내 강의를 긍정적으로 잘 들어 주었으면 하는 마음이 크기 때문이다. 이렇게 창조적 마인드로 세상을 산다면 모든 삶이 기적이고 긍정적일 수밖에 없다. 꼭 로또 복권에 당첨되어야만 기적이고 중병에 걸린 사람이 갑자기 완치되어야만 기적이 아닐 것이다. 소소한 일상 모두가 기적인 셈이다.

청중들 또한 처음에는 미덥지 못한 표정이었지만 나의 이야기를 듣고는 "맞아, 맞아." 하며 옳다는 듯이 머리를 끄덕인다. 사람들은 자신의 기쁨, 분노 등을 자신이 만들었다고 생각하지 않는다. 그저 상황에 맞게 생겨난 것이라고 생각한다. 그러나 내가 주인이 되어 감정을 조절하고 좋은 감정들을 만들어 낼 때 진정한 삶의 주인이 된다. 스스로 무한한 창조의 힘을 가지고 있다는 것을 알고 그 창조적 힘을 활용해 지금보다 더 멋지게 삶을 사는 변화의 주인공이 되어야 한다.

내가 살아온 모든 날이 기적이었다. 나는 어릴 때부터 선천적으로 몸이 약했다. 그리고 여러 번의 죽을 고비를 넘겼다. 그럴 때마다 부모님은 넘치는 사랑으로 나를 돌보셨다. 그 모든 것들이 내가 걸어온 발자국이 되었다. 이것이 지금의 나를 있을 수 있게 한 '기적'일 것이다. 특별할 것 하나 없는 일상 속에서 그저 무미건조한 삶을 살고 있더라도 말이다. 왜냐하면 기적은 멈추는 법이 없기 때문이다.

놀라운 삶의 기적을 가슴 뜨겁게 경험하고 싶다면 지금 상상하고 생각하라. 내가 상상한 모든 것은 곧 현실이 된다. 내가 느끼고 생각한 모든 것을 그대로 끌어올 수 있다. 부정적인 생각을 하면 부정적으로 가난한 생각을 하면 가난으로 자신의 삶이 결정된다. 그런데 대부분의 사람들은 돈이 부족한 것이 자신의 성취를 방해하는 장애물이라고 믿는다. 그러나 전혀 그렇지 않다. 오히려 명확한 비전을 갖지 못하거나 부족한 지식이 성취를 방해한다. 특히 자신이 원하는 것과 반대되는 부정적인 생각을 하는 것이 그런 결과를 가져온다. 지금 상상하는 어떤 것이든 반드시 이루어진다는 것을 명심하고 부정적인 생각이 든다면 즉시 버려야 한다.

요즘 내가 운영하는 유치원에서는 축복 릴레이가 진행 중이다. 홈페이지를 통해서 뿐만이 아니라 가정에서도 캠페인처럼 하고 있다. 나는 이 활동이 아이와 세상을 변화시키는 기적의 시발점이라고 생각한다. 많은 부모들은 이미 다양한 양육 방법으로 자녀를 키우고 있다. 하지만 이기적이고 정서가 불안정한 아이들이 점점 많아지고 있다. 잘한다고 생각하지만 잘못하고 있는 것이다.

"나는 너를 축복해."
"나는 너를 사랑해."
"나는 네가 좋아."
"너는 소중해."
"너는 존귀해."
"너는 특별해."
"네가 뭘 하든지 널 향한 내 마음은 변함이 없어."
"무엇보다 중요한 것은 내가 너를 사랑한다는 거야."

축복 릴레이를 시작한 뒤 기적이 일어났다. 특별한 양육 방법을 부모들이 몰라도 아이들의 눈빛은 더욱 빛났고, 자신감, 자존감이 살아났다. 특히 축복을 시도한 부모들이 더 많이 달라지고 변화하기 시작했다. 이렇게 긍정적인 어른들의 마음이 아이를 변화하게 하고 이 변화는 바로 세상을 아름답게 변화시키는 매개체가 될 것이라고 확신한다. 그 변화의 주인공은 바로 '나'다.

기적은 불가능한 것을 통해 오지 않는다. 오로지 가능한 것으로 다가온다. 특히 현재 우리가 살고 있는 지금이 삶의 기적이다. 현재를 적극적으로 살 때 기적은 스스로 창조될 것이며 계속해서 일어날 것이다. 기적을 창조하는 위대한 변화의 시작은 바로 지금부터다.

05

새롭게 꿈꾸고
도전하라

꿈을 밀고 가는 것은 이성이 아니라 희망이며
두뇌가 아니라 심장이다.

— 표도르 도스토옙스키

아무리 숨었어도

이 봄 햇살은

반드시 너를 찾고야 말걸.

땅속 깊이 꼭꼭 숨은

암만 작은 씨라 해도

찾아내

꼭 저를 닮은 꽃

방실방실 피워 낼걸.

아무리 숨었어도

이 봄바람은

반드시 너를 찾고야 말걸.

나뭇가지 깊은 곳에

꼭꼭 숨은 잎새라 해도

찾아내

꼭 저를 닮은 잎새

파릇파릇 피워 낼걸

시인 한혜영이 1954년에 발표한 〈아무리 숨었어도〉라는 시다. 더불어 〈조선일보〉의 가슴으로 읽는 동시 코너에 이준관 아동문학가가 추천한 시다.

"봄은 늘 그렇듯 술래가 되어 돌아오고 술래인 봄은 찾을 것이 참많다. 땅속에 꼭꼭 숨은 씨앗도 찾아내야 하고 아무리 숨어 있어도봄은 반드시 찾아내고야 만다. 아니 찾아내지 못한다고 해도 놀이하는 아이들처럼 못 찾겠다, 꾀꼴 나오너라, 꾀꼴 하면 모두들 꾀꼬리처럼 꾀꼴꾀꼴 노래하며 고개를 내민다. 이처럼 봄 햇살은 아무리작은 씨앗이라 해도 꼭 저를 닮은 꽃을 피워 낸다. 봄바람은 꼭꼭숨은 잎새라 해도 찾아내 꼭 저를 닮은 잎새를 피워 낸다. 우리도 봄에는 술래가 되어 찾아내야 한다. 꼭 우리를 닮은 꽃과 잎새를 피워내기 위해서……"

이준관 문학가의 표현처럼 봄 햇살은 찾아낸다. 어디에 숨든지 말이다. 꿈 또한 처음부터 방실방실 꽃을 피우며 나타나지 않는다. 우리가 봄 햇살이 되고 봄바람이 되어 우리들의 꿈을 찾아내야 한다. 땅밑에 꼭꼭 숨어 있어도, 나뭇가지 꼭대기에 걸려 있어도 술래가 되어 보물 찾듯이 찾아낸다. 성실하게 계속 키울 때 꿈은 나에게로 와서 나를 닮은 꽃을 피워 낼 것이다. 그러나 지금 당장 배가 고파 먹을 것을 찾느라 동분서주하며 돈을 좇다 보면 꿈과는 점점 멀어진다. 사실 꿈을 꾼다는 것은 지루한 여정일 수도 있고 힘들어 지치고 포기할 수 있다. 그렇지만 이때 가장 필요한 보물찾기가 바로 꿈 찾기다. 꿈을 찾다 보면 꿈맥이 보이고 그 꿈맥 안에 생각지도 않았던 꿈 파동이 일어난다. 이러한 기회를 놓친다면 일생일대의 실수다.

나도 젊었던 한때는 먹고사는 일이 힘들어 꿈을 꿀 수 없었다. 그때는 꿈꿀 여유조차 없었고 꿈을 꾼다는 것은 사치라고 생각했다. 하지만 일만 열심히 한다고 해서 생활은 나아지지 않았다. 오히려 몸과 마음이 힘들었다. 사람들은 여기저기 훨훨 멋지게 날아다니고 있는데 못생긴 애벌레처럼 꿈틀거리는 내 모습에 미치도록 화가 났다. 그럴수록 영혼까지 피폐해지기 시작했다. 더 나은 삶을 살고 싶었지만 그렇게 되지 않았다. 도대체 무엇이 문제인가? 한동안 방황하며, 하루의 대부분을 생각하지 말아야 할 것을 생각하며 은둔하는 삶을 살았다.
이런 나의 모습을 보이기 싫어 사람을 만나는 것도 싫었다. 때문에 누군가가 말을 거는 것도 싫어서 숨기 바빴다. 그때는 온통 부정적인 생각으로 가득했다. 일은 물론이고 가정생활 역시 힘들었다. 가까이 있는 사람들을 힘들게 했다. 아마도 우울증이 시작된 것 같았다. 우울증이 수위를 넘어간 것을 안 남편은 나를 가만히 두지 않았다. 자꾸 나를 밖으로 데리고 나가고 여러 가지 모임을 추천했다. 그러나 그런 것은 내게 아무런 도움이 되지 않았다.

그러던 어느 날 나를 툭 건드리며 새까만 눈망울로 바라보는 네 살짜리 큰딸을 보며 가슴이 철렁 내려앉는 경험을 했다. 이때부터 나는 새로운 삶을 꿈꾸기 시작했다. '그래, 비록 지금은 애벌레지만 언젠가 훨훨 멋지게 날 수 있는 나비가 될 거야, 나비!' 하면서 나비의 꿈을 꾸기 시작했다. 누구에게나 힘든 시절이 있을 것이다. 그렇다고 꿈조차 꾸지 않는다면 그냥 번데기일 수밖에 없다. '모든 것은 마음먹기에 달렸어. 마음이 문제야. 마음먹기만 하면 꿈은 저절로 버퍼링되는 거야. 꿈은 환경을 뛰어넘게 해 주고 미래도 볼 수 있게 하지!'라고 생각했다. 꿈은 가까이에 있었다.

그러나 꿈을 좇는 데는 여러 가지 대가도 따르게 마련이다. 오래된 습관들을 버려야 하고 감당하지 못할 정도의 어려움과 실망을 겪을 수도 있다. 이렇게 과거와 결별해야지만 눈부신 미래를 맞이할 수 있는 것이다.

지금 당신이 바라는 것은 무엇인가? 그것이 당신의 꿈과 일치한다면 바로 자신을 기쁘게 하는 진정한 꿈일 것이다. 이젠 자신의 꿈을 세상 속에 과감히 던져 보자. 때로는 실패할 수도 있다. 그래도 다시 시도하며 일어나고 계속 꿈길을 가는 것이 중요하다. 그러다 보면 어느 순간 숨이 멎을 정도로 놀라게 되는 현실을 맞이하게 된다. 이때가 바로 꿈이 현실이 되는 때이며 꿈이 사명이 되는 때다.

《십대가 진짜 속마음으로 생각하는 것들》의 저자 정윤경은 열다섯 살 어린 나이에도 친구들에게 꿈 멘토가 되고 작가의 꿈을 실현했다. 학교와 학원을 다니면서 틈틈이 책을 썼다. 더군다나 꿈이 하나일 수 없다며 또 하나의 꿈을 이루었으면 또 다른 꿈을 꾸고 이루어야 하는 것 아니냐고 목소리를 내어 이야기한다. 당당히 꿈을 말하고 선포하라고 친구들에게 소리치고 있다. 그래야 자신이 꿈꾼 것이 실현될 수 있다며 스스로 증명해 보이고 있다. 현재는 중학생이면서 친구들에게는 꿈을 이루게 하는 동기부여가 되었다. 그리고 미래의 수많은 가능성들을 자기 안에서 꿈꾸며 성공학 강사, 외교관, 셰프, 여행 작가 등의 꿈 리스트를 부지런히 업데이트하고 있다.

세상은 '중2병'이라고 하며 골치 아픈 사춘기라고 한다. 열다섯 살 어린 소녀도 자신의 꿈을 이루기 위해 도전한다. 꿈을 이루고 원하는 인생을 살자. 목표 없이 일상에 안주하면서 대충 살지 말자. 마음껏 상상해 보자. 성공을 이룬 대부분의 사람들은 마음속의 상상을 현실에서 이룬 사람들이라는 것을 기억해야 한다.

06

자기계발을 하는 독종이
살아남는다

아무리 위대한 일도 열심히 하지 않고 성공하는 예는 없다.

– 랠프 월도 에머슨

자기계발을 열심히 하는 독종은 행복하다. 그만큼 자신의 삶의 의미를 진지하게 고민하고 자신의 목표를 향해 서슴없이 나아가기에 즐겁다. 설사 자기계발을 하다가 파산하는 지경에 이른다고 해도 행복할 수밖에 없다. 왜냐하면 절박한 마음으로 하니 초인간적인 힘까지 총동원되어서 결국은 성공하기 때문이다.

나는 자기계발의 첫출발은 '독서'라고 생각한다. 책을 읽다 보면 다양한 삶을 간접경험 하면서 의욕과 열망으로 가슴이 뜨거워진다. 그래서 힘든 일이 닥쳐도 금세 용기가 난다. 특히 나는 자기계발서와 의식에 관련된 책을 많이 읽는다. 사람들은 자기계발서는 다 똑같은데 굳이 왜 읽느냐고들 한다. 그러나 그것은 모르는 소리다. 물론 읽은 뒤 잊어버리기도 하지만 힘들 때마다 다시 읽으면 위로가 되기도 한다.

책은 내가 잘 살아가게 하는 유일한 친구다. 책은 인생을 바꾸게 할 수도 있는 강력한 힘을 가지고 있다. 어느 날 남동생에게 자기계발을 해 보라고 권한 일이 있었다.

"영민아, 너도 한번 강의도 들어보고 책도 읽어 보는 게 어때?"

"누나는 지금 배부른 소리지, 먹고살기도 힘든데!"

"네가 힘들어 하니까 돌파구라도 좀 찾으라고 그러는 거잖아."

"그런 건 다 갖추어진 사람이나 하는 거 아냐!"

"그런 게 어디 있어?"

"모르는 소리 하지도 마. 나는 뭐 자기계발 안 하고 싶은 줄 알아, 여건이 돼야지."

"그렇게 안 되는 일 붙잡고 있지 말고……."

나와 동생은 기분만 상하는 대화를 주고받았다. 사실 동생네 부부는 열심히 산다. 그만한 정성과 열정이면 무엇이든 해결의 실마리가 보일 듯도 한데 몇 년이 지나도록 변함없이 헤매고 있다. 이 시점에서 다시 한 번 정리하고 왜 그렇게 힘든지 원인 분석을 해 보아야 하지 않을까 싶었다.

나는 문제가 무엇인지 보이는데 당사자들은 모르는 모양이다. 그러니 매일 짜증이 나고 힘들 수밖에 없다. 경제적으로도 압박이 오고 정신도 피폐해지니 일이 잘될 턱이 없다. 물론 동생 입장에서 볼 때 내가 하는 말이 배부른 소리로 들릴 수 있다. 그러나 가장 힘들 때 그 힘든 것들을 이겨 낼 수 있는 힘은 바로 자기계발이다.

의식을 성장시키며 새로운 도전을 기꺼이 하게 하는 힘은 바로 자기계발에서 나온다. 물론 책뿐만이 아니라 취미로 하는 자기계발도 말이다.

요즘은 많은 사람들이 자기계발을 한다. 특히 취업난이 심각해질수록 더 많은 돈과 시간을 들여서라도 자기계발에 힘을 쏟는다. 그뿐만이 아니라 외국어는 물론이고 와인 소믈리에, 책쓰기, 그림 그리기, 꽃꽂이, 독서 등 그동안 살면서 꼭 하고 싶었던 취미활동들을 틈틈이 한다.

이제 직업이 변하고 있다는 반증이다. 하나의 직업으로만 살 수 없는 시대가 되고 있다. 의사이면서 요리사, 선생님이면서 댄스 강사, 치위생사이면서 강연가, 유치원 원장이면서 작가 등 투잡, 쓰리 잡으로 나날이 바쁜 삶을 산다. 이렇게 자기계발로 했던 취미가 본업이 되기도 한다. 나 또한 요즘 자기계발로 했던 책쓰기가 작가라는 명성을 얻게 해 주었고 그로 인해 강연 활동을 하며 바쁜 삶을 살고 있다.

언제 쓰일지 모르지만 자기계발로 자신의 능력을 발굴하고 새로운 기술을 계속 쌓아 간다면 자신이 할 수 있는 일이 많아지고 쓰임이 더 많아진다. 더군다나 더 많은 새로운 세상이 보이기 시작할 것이다. 그러나 여기서 조심할 것이 있다.

바로 '의식 성장'이다. 의식이 성장되지 않고는 자기계발을 열심히 해도 밑 빠진 독에 물 붓기가 되기 십상이다.

의식이 확장되지 않는다면 아무리 좋은 기회가 와도 잡을 수 없다. 자신의 고집을 신념이라고 착각하면서 변화하지 않을 것이기 때문이다. 그러니 먼저 의식의 그릇을 넓히는 것에서부터 자기계발을 시작하기를 바란다. 이 핑계 저 핑계 대지 말고 과거와 결별하면서 먼저 손에 책부터 잡아 보자.

얼마 전 〈채운 민화전〉에 초대되어 다녀왔다. 〈채운 민화전〉은 대학교 때 친구 미형이가 일을 하면서 틈틈이 배운 민화를 전시한 것이었다. 완전히 전문가의 손길이 느껴졌다.

"와, 너무 멋지다."

"부끄러워."

"부끄럽긴. 언제 이렇게 멋진 작품을 다 남겼어? 부럽다."

"나, 눈 빠지는 줄 알았어."

"맞아. 쉬운 게 어디 있겠어."

"어, 저기 웬 딱지가 붙은 거야."

"응, 그거 팔린 거야."

"정말 멋지다."

"주문도 계속 들어오고 있어. 무엇보다도 행복하고 즐거운 거 있지."

미형이의 얼굴에는 그동안 보지 못했던 기쁨과 뿌듯함이 묻어났다. 삶의 의욕도 넘치는 듯했다. 언제나 일이 바쁘다고만 했지 뭔가를 하고 있었는지는 몰랐다. 그런데 이렇게 수준급의 전시회에 초대하니 놀라울 뿐이었다. 더군다나 민화 한 점당 가격이 만만치 않은데 다 팔려 나가고 서랍장은 놀라운 가격임에도 주문이 쇄도했다.

미형이는 제2의 직업을 자기계발로 이루어 내고 있다. 미형이뿐만이 아니라 자기계발로 최고의 삶을 사는 사람들은 많다.

특히 책을 쓰고 싶은 사람들이 모여 있는 〈한책협〉에는 수많은 사람들이 자기계발을 위해서 고군분투하고 있다. 교수에서부터 파일럿, 의사, 아나운서, 교사, 주부에 이르기까지 큰돈을 들이며 절박한 마음으로 자기계발을 하고 있다. 그만큼 자기계발로 제2의 인생을 꿈꾸는 사람들이 많아지고 있다는 증거다. 이렇게 자기계발을 하다 보면 마음속으로만 꿈꾸었던 꿈이 기회가 되어 찾아온다.

지금 힘든가?
무엇을 해도 나아지지 않는가?
비범하게 성공하고 싶은가?

그렇다면 자신의 마음가짐을 재정비하고 자기계발을 우선순위에 두자. 인생은 지금부터다. 결단을 내리는 순간 인생은 변화된다. 만약 자신을 위해 투자하기를 머뭇거리고 있다면 나의 휴대전화 010.5351.3557번으로 '저도 의식 성장을 이루고 싶어요!'라고 문자를 보내보라. 거침없이 자기계발에 도전하는 힘을 얻을 수 있게 될 것이다. 자기계발은 인생의 내일이며 자신의 최고 스펙이 된다. 그래서 나는 자기계발을 미래의 '희망 주머니'라고 부른다.

07

크게 성공하는
인생 전략가가 되라

인생에서 원하는 것을 얻기 위한 첫 번째 단계는
내가 무엇을 원하는지 결정하는 것이다.

― 벤 스타인

내가 운영하는 유치원은 이미 지역사회와 학부모들로부터 인정받으며 아이들이 즐거워하는 유치원이다. 원아모집 시기가 되면 한 시간도 안 되어서 마감이 된다. 이러한 결과는 나를 비롯한 교사와 아이들, 학부모들이 한 팀이 되었기에 가능했다.

가끔 교사들은 "원장님, 이 행사는 몇 개월 후에 할 건데 벌써 이렇게 준비하시는 거예요?"라고 투덜댄다. 하지만 지금 안이하게 보냈다가는 좋은 결과를 보장할 수 없다.

하나의 행사를 하기 위해서는 적어도 한 학기 전부터 계획을 세우고 교사들과 전략회의를 거치는 등 치밀하게 준비해야 한다. 이미 나는 성공하는 판을 그리고 준비하는 것이다. 이렇게 큰 그림을 그리다 보면 작은 일은 저절로 준비가 되는 덤까지 생겨난다. 즉 작은 일에 성공해야 크게 성공할 수 있다는 교훈까지 얻게 되는 것이다. 그러니 내가 운영하는 유치원의 시스템은 분야별로 자율 운영체제가 된다.

그렇게 하다 보면 내가 기획한 행사는 성공 이상의 감동적인 행사가 된다. 주변의 다른 유치원 원장인 장 선생은 "행사의 달인이신 거 같아요."라고 말하며 부러움을 표시한다.

성공은 크든 작든 나를 들뜨게 만들고 신바람 나게 만드는 묘약이다. 항상 이렇게 설레는 성공 기운으로 유치원을 운영하니 잘될 수밖에 없다.

인생의 성공도 마찬가지다. 성공은 갖고 싶다고 내 손안에 쥐어지는 것이 아니다. 성공할 수밖에 없는 성공 전략 시스템을 갖추고 있어야만 가능하다. 삶은 실전이기 때문이다.

이 실전에서 크게 성공하려면 스스로 전략가가 되어야 하며 동시에 지휘관이 되어야 한다. 내 인생의 판이 성공할 수 있도록 인생 전략은 늘 현재 진행형이어야 한다.

알래스테어 캠벨은 《위너스-운명도 이기는 승자의 조건》에서 승자의 성공 비결을 전략, 리더십, 팀십으로 꼽았다. 그중 첫 번째 성공 요소로는 '전략'을 들었다.

"전략은 신이다. 유능한 리더는 전략 수립에 탁월하며 유능한 팀은 전략 실행에 탁월하다. 아무리 뛰어난 능력과 원대한 야망이 있어도 확실한 전략이 없다면 꿈은 실현되지 못한다. 성공을 위해서는 전략이 최우선이며 제일 마지막까지도 필요한 게 전략이다."

탁월한 전략가이면서 동기부여가인 조제 무리뉴 또한 전략적 마인드를 갖추었다. 그는 팀 축구 전문가이면서 전략가다. 조제 무리뉴는 스포르팅 리스본과 FC 포르투 바르셀로나에서 수석 코치로 있다가 2000년 처음으로 SL 벤피카의 감독이 되었다.

그 후 2001년 하위 팀인 UD 레이리의 감독을 맡아 사상 최고 성적을 내었다. 2002년 FC 포르투 감독으로 선임된 뒤 첫 시즌에 포르투갈 리그와 컵 대회에서 모두 우승하고 UEFA 컵에서도 우승을 차지했다.

2004년에는 UEFA 챔피언스 리그에서 우승함으로써 축구계를 놀라게 했다. 이후 지금까지 빅 클럽인 이탈리아의 인터 밀란과 스페인의 레알 마드리드, 영국 첼시의 감독으로 부임해 우승 트로피를 거머쥐는 등 4개국에서 리그 우승을 차지한 네 번째 감독이라는 기록을 세웠다. 조제 무리뉴는 전략에 대해 다음과 같이 말했다.

"전술은 모델이자 원칙입니다. 전략은 특정한 순간이나 게임을 위해 필요합니다. 기본 전술 모델은 똑같지만 전략은 상황에 따라 바뀝니다. 시간이 갈수록 필요해지는 게 전략입니다. 경기도 발전하고 기술 역시 발전하기 때문입니다. 모두가 모두에 대해 모든 것을 알 수 있게 되었죠. 선수들에게 경기를 즐기라고 말합니다. 선수들도 그게 무슨 뜻인지 압니다. 경기에서 지면 경기를 즐길 수 없죠. 이겨야 즐길 수 있습니다."

무리뉴의 성공 전략은 실용성을 추구한다. 그는 수준 높은 경기를 위해 성공 전략의 호환과 통합이 가능하다고 했다. 나도 이 말에 동의한다. 또한 무리뉴는 철저한 동기부여가임에도 사람의 본성은 바꿀 수 없기에 결국 처음부터 올바른 선수들을 영입하는 것이 중요하다고 말했다.

그는 경기장에 나가면 오로지 한 가지 목표를 위해 뛴다. "바로 이기기 위해서죠."라고 하면서 철저한 승부 근성을 보인다.

그러고 보면 성공은 그냥 이루어지는 것이 아니다. 철저한 승부 근성과 전략은 성공을 이루기 위한 필수 덕목이다. 전략 없이는 어떠한 성공도 이룰 수 없을뿐더러 성공자가 될 확률은 거의 없다. 이는 많은 성공자들이 끊임없이 전략에 집중하는 이유다.

성공하고 싶은가? 그러면 목표를 가져 보자. 그리고 그 목표에 맞는 전략을 세우자. 자연적으로 전략에 맞는 실천 행동 기술들을 실천하기만 하면 된다. 성공하지 못하는 이유는 근사한 목표와 전략들을 세웠지만 이를 온전히 지키며 제대로 실행하지 않기 때문이다. 사실 실행은 말처럼 쉬운 것이 아니다.

얼마 전 TV 요리 프로그램에서 이연복 요리사가 한 말이 생각난다. 그가 자신의 레시피를 모두 공개하자 진행자가 이렇게 알려 줘도 괜찮냐고 질문했다. 그러자 그는 "괜찮습니다. 어차피 알려 줘도 게으른 사람은 따라 하지 않으니까요. 늘 하는 사람만 합니다."라고 답했다.

모든 성공의 비밀은 바로 전략과 실행력이다. 스타 강사 김미경 역시 "이렇게 강연하기 위해서 나는 청중들이 어느 부분에서 눈물을 흘리게 할 것인지 웃게 할 것인지 수십 번의 리허설을 거치며 눈빛 하나 몸짓 하나까지 체크하고 무대에 오른다."라고 이야기했다. 그러고 보면 스타 강사뿐만이 아니라 세상의 모든 일은 그냥 만들어진 것이 아니다. 그만큼의 뼈를 깎는 준비와 실행을 뒷받침할 핵심 전략이 있어야만 가능하다.

크게 성공하고 싶은가? 그러면 다시 처음으로 돌아가 자신에게 질문을 던져 보자.

왜, 성공하고 싶은가?
꿈이 있는가?

이러한 질문에 명확하게 대답할 수 있어야 자신의 전략을 올바르게 수립할 수 있게 된다. 그리고 성공적으로 실행에 옮길 수 있다. 또한 이러한 전략이 성공을 가져다주는 가슴 설레게 하는 전략인지도 한번 생각해 볼 일이다.

가슴 설레는 전략이 아니어도 일단 시작해 보자. 그러다 보면 꿈이 살아 움직이게 되고 가슴이 벅차오르게 될 것이다. 그때가 바로 꿈의 버퍼링이 일어나는 때다.

물론 성공의 방법은 각자 다르다. 중요한 것은 '우리는 언제나 지금보다 더 잘할 수 있다'는 자기긍정에서부터 시작하는 것이다.

나는 자신 있게 말한다. 크게 성공하는 전략은 바로 실행력이다. 이는 성공자라면 어느 누구도 부정할 수 없는 진실이다. 앞에서도 말했듯이 전략을 성공적으로 이끌려면 수백 번 전략을 세우는 것보다 한 번 실천하는 것이 중요하다.

전략적인 측면에서 마법의 묘약이나 비법 같은 것은 없다. 실천하고 행동하지 않으면 모든 것은 공염불에 불과하기 때문이다. 전략적 사고를 자극하기 위해 끊임없이 스스로 질문하는 것에서부터 시작해 보자.

08

짜릿한 반전의
명수가 되라

새는 알에서 나오려고 투쟁한다. 알은 세계다.
태어나려는 자는 하나의 세계를 깨뜨려야 한다.

– 헤르만 헤세

인생에서 크든 작든 누구나 굴곡진 삶을 산다. 평탄한 삶을 살다가도 느닷없이 낭떠러지로 떨어질 때도 있고 승리의 깃발을 꽂을 때도 있다. 삶은 이렇게 한 가지 방법으로 사는 것을 허락하지 않는다. 평범하고 행복한 삶을 살다가도 여러 가지 이유로 한 번에 절망적인 늪에 빠지기도 한다. 이럴 때 어떤 사람은 마냥 허우적거리다 포기하는가 하면 어떤 사람은 절망적인 상황조차도 기회로 만들어 버리는 역전의 명수가 된다.

왜 그럴까? 그것은 바로 꿈의 차이다. 소박한 꿈이든 거창한 꿈이든 그 꿈을 실현시키려면 그것을 마음에 품고, 가꾸고 도달하기 위해 수없이 노력해야 한다. 그러다 보면 여러 가지 위기에 직면하기도 한다. 이러한 것들이 사실은 인생 반전의 기회다. 그러나 인생의 기회는 로또나 예상하지 못한 일확천금과는 다르다. 즉 노력 없이 어느 순간 반전의 기회가 저절로 덥석 오지 않는다는 것이다. 기회가 다가왔을 때 성공하기 위해서는 철저하게 준비가 되어 있어야만 가능하다. 기회는 그렇게 호락호락 주어지지 않는다.

〈뉴스천지〉 피플 포커스에 평범한 아줌마로 살던 김윤경 작가가 꿈을 통해 인생 대반전을 이룬 인터뷰 내용이 실렸다. 작가는 《엄마의 꿈이 아이의 인생을 결정한다》를 소개하면서 다음과 같이 말했다.

"일상에 지쳐 평범한 아줌마로 살아가던 제가 내면의 꿈을 찾으니 인생이 바뀌더라고요. 인생의 대반전이죠. '꿈'이라는 단어를 듣는 순간 저는 벼락을 맞은 것 같이 움찔했어요. 꿈을 품은 뒤에는 온종일 이 꿈을 빨리 이루고 싶다는 열망으로 가득 찼어요. 너무나 간절히 이뤄지길 원했기에 해야 할 일들이 매 순간 섬광처럼 떠올랐어요. 이렇게 한번 머릿속에 떠오른 일들은 엄청나게 빠른 속도로 실천하게 되었어요. 내 꿈을 향한 발걸음을 방해하는 사람이나 모임은 어느새 자연스럽게 나와 멀어지는 것을 발견하기도 했죠. 간절히 원하니 그것을 만지고 싶고 손에 넣고 싶었어요. 꿈을 이루겠다고 생각하는 순간 전율이 느껴졌어요. 사실 누구보다 열심히 살아온 내가 정말 꿈이 없다는 사실에 충격을 받았거든요. 이후 꿈을 찾기 위해 말 그대로 발버둥을 쳤죠. 꿈을 이뤄 가는 과정에는 장애물도 있었고, 막다른 길에 다다르기도 했어요. 대부분의 사람들이 꿈을 이루지 않으면 실패한다고 생각하지만 꿈을 가진 순간 절반은 성공한 것이라고 생각합니다. 꿈을 가지면 그 자체로 행복이거든요. 꿈을 이루려 앞으로 나아가게 되어 있어요. 이미 성공의 과정에 있는 것이죠. 자신이 어디로 가야 할지 방향을 설정하지 못한 사람은 불행한 사람이에요. 여생을 어떻게 보낼지 모르니 얼마나 안타까워요."

현재 그녀는 두 아이의 엄마이지만 자신의 꿈을 이루기 위해 끊임없이 달리고 있다. 하루 24시간을 쪼개고 쪼개 책을 쓰며 강연을 하고 창업자들에게는 조언을 해 주는 등 제2의 인생을 살고 있다. 꿈은 우리의 인생을 성공으로 가게 하는 기회이며 오늘과 다른 삶을 살게 하는 반전의 기회를 준다.

김난도는 저서 《천 번은 흔들려야 어른이 된다》에서 "그러니까 너무 실망하지 말자. 이 좌절이 훗날 멋진 반전이 되어 줄 것이다. 위기가 깊을수록 반전은 짜릿하다. 포기하지 말자. 내 인생의 반전 드라마는 아직 완성되지 않았다."라고 말했다.

이애경 또한 저서 《눈물을 그치는 타이밍》에서 "인생은 언제나 반전이 있고 솟아나는 타이밍이 있으며 묵묵히 기다려야 하는 시절도 있다. 그러니 아직 끝이 아니다. 지금 나는 나머지 삶의 시작점에 와 있는 것이고 오늘의 나는 지나가는 과정에 서 있을 뿐이다."라고 말했다.

성공을 위한 시작점은 어디인가? 영화와 소설에만 반전이 있는 것이 아니다. 우리 인생에도 역전과 반전이 있다. 그래서 인생이 충분히 흥미진진하고 기다려진다. 내 인생 반전의 시작점은 어디인지 생각해 보자.

얼마 전 나도 내 인생의 시작점을 찾기 위해《부자부모 없는 당신이 진짜부자 되는 법》의 저자 김태광의 역전 인생스토리 기적 수업을 듣게 되었다.

그는 무일푼으로 시작해 웬만한 아파트보다도 비싼 람보르기니를 타는 베스트셀러 작가, 백만장자, 천재 사업가로 눈부신 성공을 이루었다. 그의 성공 이면에는 어린 시절의 말더듬증과 지독한 가난, 갑작스런 아버지의 죽음 그리고 낮은 학력, 여자 친구의 죽음 등 누구보다 힘들고 처절했던 삶이 있었다. 그런 삶 속에서 그는 20년간 200여 권의 책을 펴냈는가 하면 베스트셀러 작가가 되어 많은 인생을 변화시켰다.

또한 그는 세상에 선한 영향력, 선한 나비효과를 펼치는 일을 하기 위해 가수 손진영이 참석한 가운데 국제구호개발기구 〈월드비전〉과 아프리카에 염소 1,000마리를 보내는 협약을 맺었다. 그가 보내는 염소가 아프리카의 아이들에게 재산이자 생명이 되길 바라는 그의 선한 비전을 느낄 수 있었다. 그렇다면 그에게는 어떤 능력이 있기에 인생 역전을 이룰 수 있었을까?

김태광 작가는 "나는 내가 바라는 것들을 생생하게 꿈꾸면서 우주로부터 끌어당겼다. 상상력과 잠재의식을 어떻게 활용하느냐에 따라 부자의 꿈이 실현되기까지의 버퍼링은 짧을 수도, 길어질 수도 있다."라고 말했다. 물론 이를 제대로 이해하고 실천하는 것은 쉽지 않다. 지독한 연구와 노력, 끈기, 철저한 자기관리, 우주 법칙에 대한 절대적인 믿음이 함께할 때 가능하다. 지금 당장 낡은 사고와 잘못된 습관을 버려야 새로운 제2의 인생길로 들어설 수 있다는 것을 명심하자.

지금 만약 너무 힘든 위기에 처해 있다면 곧 승리를 마주할 역전극이 펼쳐질 것이라는 것을 알아차리고 포기하지 말아야 한다. 준비가 없다면 기회가 기회인지도 모르고 그냥 지나칠 수 있다. 또한 기회는 오랫동안 기다려 주지 않는다는 것을 기억하자. 지금 당신 앞에는 어떤 반전의 기회가 다가오고 있는가? 인생의 체증을 속 시원하게 해결해 줄 반전의 순간, 그 반짝이는 순간을 절대로 놓치지 않아야 한다.

A. J. 셰블리어는 자신의 저서 《인생 반전 연습》에서 이렇게 말했다.

"한 번의 반전을 위해 나는 백 번 연습한다."

이 말처럼 수없이 노력하고 연습해야만 자신이 원하는 성공에 다다른다. 남들이 보기에는 이러한 성공이 한 방에 거머쥔 것처럼 보이지만 사실은 철저한 계획과 전략, 전술이 뒷받침되었다. 지금부터 인생 반전의 주인공이 될 워밍업을 시작해 보자.

09

이어 가지 말고
끊어 가라

모든 문제는 자신이 생각하는 것만큼 나쁘지 않을지도 모른다.
그리고 거기에는 언제나 길이 있다.

– 리처드 브랜슨

인간이 태어나면 한 번에 어른이 될 수도 없고 계속 아이인 상태에 머무르지도 않는다. 누구나 태아기, 영아기, 유아기, 아동기, 청년기, 장년기, 노년기의 사이클을 계단처럼 거쳐야만 한 인생이 마무리된다. 이런 과정을 발달이라고 한다. 그리고 그 발달에 맞는 과업이 올바르게 수행되었을 때 올바르게 잘 성장하고 있다고 말한다. 이렇게 인간이 한 사이클을 거치듯이 우리 삶의 목표 또한 작은 단위로 끊어서 세울 때 더욱 효과적이다.

예를 들어 유치원에서 아이들 프로그램을 계획할 때도 마찬가지다. 먼저 연간 계획을 세웠다면 그에 맞는 월간, 주간, 하루, 그다음 하루의 시간 단위로 계획을 세운다. 그에 맞는 목표를 세울 때 아이들이 성과를 내기 쉬우며 교사들 또한 더 세밀하게 아이들을 도와 줄 수 있다. 곧 작은 단위라고 할지라도 어느 부분에 결함이 있다면 다른 단계에 위기가 올 수 있다는 것을 명심해야 한다. 그렇기에 간단한 것조차도 쪼개어 끊어 보는 습관을 가지는 것이 필요하다. 사실 아무리 복잡한 문제라 하더라도 잘라서 끊어 보면 문제의 실마리가 보이며 어떻게 대처해야 하는지 알 수 있다. 성공은 가장 작은 것이 성공했을 때 비로소 가능하다.

미국의 홍보 전문가 마이클 레빈은 《깨진 유리창의 법칙》에서 "성공은 치열한 경쟁이나 값비싼 홍보 마케팅과 원대한 비전에만 의존하는 것이 아니라 지금 하고 있는 일의 작은 부분을 챙기는 데서 결정된다."라고 말했다. 이는 우리의 일상생활에서도 마찬가지다. 아주 사소해 보이는 작은 것이 엄청난 대가를 치르게 하는 경우가 종종 있다. 꿈이나 비전과 같은 거창한 것에는 시간과 노력을 많이 들이지만 눈에 보이지 않아 사소하게 생각되는 것은 그냥 지나치는 경우가 종종 있다. 그럴 경우의 결과는 불 보듯 뻔하다. 전체를 한 덩어리로 보지 말고 짧게 끊어서 본다면 전략적으로 해결 답안을 찾을 수 있다.

유치원에서는 매년 12월이면 원아모집을 한다. 나는 이때 교사들에게 학부모들이 유치원을 방문했을 때 어느 부분에 관심이 있는지를 알아야 한다고 조언한다. 먼저 학부모들이 어떻게 행동하는지 문을 열고 들어오면서부터 1미터 단위로 잘라서 관찰하라고 한다.

그렇게 하면 학부모가 어떤 생각을 하고 있고 어떤 교육관을 가지고 있는지 알 수 있기 때문이다. 그러면 교사에게는 자신이 어떻게 대처하면 되는지 방법이 보인다.

유치원 환경을 구성할 때도 마찬가지다. 어느 곳이든 '기본을 지키기'가 제대로 되어 있어야 한다. 전체적으로 깨끗하고 잘 정돈된 것도 중요하지만 아이들 눈높이에 맞는 안전한 환경인지, 혹시 어른들의 눈높이에 맞추어진 환경은 아닌지 잘 살펴야 한다. 또한 유치원은 "얘들아, 반가워, 사랑해, 우리 친구 하자."라고 말하고 있는 듯해야 한다. 교실에서도 마찬가지다. 어떤 아이가 문제 행동을 할 경우 그 아이가 하는 행동을 잘게 잘라서 관찰하면 어느 부분에 문제가 있는지 알 수 있다. 이렇게 하다 보면 교사들도 자신이 해야 할 일을 스스로 찾아서 할 수 있게 된다.

나의 20~30대는 '질주'의 시기였다. 무슨 일을 하든 잘하려고 하는 의지가 불타올랐고, 성공해야 한다는 생각에 미친 듯이 앞만 보고 달렸다. 오로지 내 앞에는 평탄한 신작로가 펼쳐져 있어서 그 길로 내달려야 한다는 생각뿐이었다. 직접 발로 뛰면서 밤낮을 가리지 않고 일과 공부에 매진했다. 힘도 들었지만 힘든 줄도 모르고 지냈던 아름다운 시절이었다. 그런데 이렇게 질주하다 보면 곧 지치게 마련이다. 어느 날 '내가 무엇 때문에 이러지? 무엇을 위해 이렇게 질주하는 거야?'라는 물음이 문득 찾아왔다. 지금 생각하니 그 시절이 가장 빛나는 시기였지만 몸도 마음도 지친 시기이기도 했다. 이때 나는 반드시 쉼표로 끊어야 하는 시기라는 것을 직감적으로 알았다. 이렇게 인생의 거시적인 부분에서도 한번 끊고 가야 제대로 이어진 삶을 살 수 있다.

남편은 "우리 행복하지, 그렇지?"라고 묻는다. 그럴 때마다 나는 영혼 없이 "응. 행복해."라고 대답했다. 확인하는 남편이 뭔지 모르게 마음에 들지 않았다. 그러면서 그동안 남편이 나에게 했던 기분 나쁜 행동들이 스쳐 지나가는 바람에 마음속으로는 '쳇' 하면서 겉으로는 '응'이라고 대답했다. 남편은 자기 인생이 이만하면 행복하다는 것을 확인하고 싶은 것 같았다. 그럴 때마다 남편에게 이야기해 주었다.

"내 인생에서 가장 잘한 것은 당신을 만난 것이야. 그리고 살면 살수록 여전히 당신은 매력적이야."

다른 사람이 있을 때 이 말을 하면 남편의 입꼬리는 귀에 붙어 버린다. 이렇게 확인받고 싶어 하는 남편에게 말 한마디로 선심을 쓴다. 그러면 남편은 에너지가 충전되어 자신과 가족을 위해서 최선을 다한다. 이렇게 소소한 삶이 어쩌면 인생에서 가장 행복한 시간들인 것이다. 그러나 그렇지 않을 때도 많다. 나 또한 길을 걷다가 '나는 어떤 사람이지?', '어떤 사람으로 살아야 하며 어떻게 살아야 하는가?'라는 질문을 한다. 바로 이때가 또 다른 시작으로 끊어 갈 때라는 것을 잊지 말아야 한다.

누군가가 "당신의 인생길에서 가장 행복했던 순간은 언제였나요?"라고 물어보면 나는 한 치의 망설임도 없이 "지금이요."라고 말할 것이다. '지금'이라는 작은 점 하나가 큰 출발이 되고 뜻하지 않은 행복한 순간이 되기도 한다. 물론 길을 가다 보면 길 위에 홀로 서 있을 때도 있다. 모든 불행이 나에게만 몰아서 찾아온 것처럼 느껴질 때 말이다. 나에게도 그런 불행이 손님처럼 불현듯 찾아왔다. 그러나 그 문제들을 총체적으로 보면서 아주 작은 단위로 잘라 분석했다. 그러다 보면 번뜩이는 묘책이 나왔다. 이는 내가 똑똑해서 그런 것이 아니다. 단지 문제들을 잘게 끊어서 보고 관찰하는 것에 익숙하기 때문이다.

'인생길'이라는 것이 늘 행복하면 좋겠지만 평탄할 수만은 없다. 쭉 이어지는 멋진 삶은 거의 없기 때문이다. 그러니 자신의 삶을 이어서 '나의 인생은 왜 이 모양이야'라면서 자책하거나 절망하지 말아야 한다. 인생의 큰 틀을 짧게 끊어서 가장 작은 단위에서부터 행복을 찾아야 한다. 그래야 지치지 않는다. 그러다 보면 힘들더라도 그 무게가 작게 느껴질 것이고 해결책 또한 쉽게 찾을 수 있다. 결국 성공하기는 더 쉬워진다. 어려움은 줄어들고 성공은 커지면서 원하는 삶이 계속 이루어지는 기쁨을 맞이하게 될 것이다.

인생이 나에게 가르쳐 준 소중한 것들

초판 1쇄 인쇄 2016년 7월 29일
초판 1쇄 발행 2016년 8월 5일

지 은 이 **장성오**
펴 낸 이 **권동희**
펴 낸 곳 **위닝북스**
기   획 **김태광**
책임편집 **이양이**
디 자 인 **윤대한**
교정교열 **우정민**
마 케 팅 **이석풍 김응규 허동욱**

출판등록 **제312-2012-000040호**
주   소 **경기도 성남시 분당구 수내동 16-5 오너스타워 407호**
전   화 **070-4024-7286**
이 메 일 **winningbooks@naver.com**

ⓒ장성오(저자와 맺은 특약에 따라 검인을 생략합니다)
ISBN 979-11-87532-01-9 (13190)

이 도서의 국립중앙도서관 출판도서목록(CIP)은 서지정보유통지원시스템 홈페이지(http://seoji.nl.go.kr)와 국가자료공동목록시스템(http://www.nl.go.kr/kolisnet)에서 이용하실 수 있습니다.(CIP제어번호: CIP2016017809)

위닝북스는 독자 여러분의 책에 관한 아이디어와 원고 투고를 설레는 마음으로 기다리고 있습니다. 책으로 엮기를 원하는 아이디어가 있으신 분은 이메일 winningbooks@naver.com으로 간단한 개요와 취지, 연락처 등을 보내주세요. 망설이지 말고 문을 두드리세요. 꿈이 이루어집니다.

※ 책값은 뒤표지에 있습니다.
※ 잘못 만들어진 책은 구입하신 서점에서 교환해 드립니다.